Anton Vögtle

WAS WEIHNACHTEN BEDEUTET

ANTON VÖGTLE

WAS WEIHNACHTEN
BEDEUTET

Meditation
zu Lukas 2,1–20

Herder
Freiburg · Basel · Wien

Sechste Auflage

Alle Rechte vorbehalten – Printed in Germany
© Verlag Herder Freiburg im Breisgau 1977
Imprimatur. – Freiburg im Breisgau, den 3. Oktober 1977
Dr. R. Schlund, Domdekan
Herstellung: Freiburger Graphische Betriebe 1990
ISBN 3-451-22183-7

Dem Andenken
an den Hochwürdigsten Herrn Erzbischof
Dr. Hermann Schäufele
in Verehrung gewidmet

Vorwort

Die Zeiten, da die lukanische Weihnachts-
geschichte das eigentliche Weihnachtsgeschenk
unter Christen zu sein pflegte, sind längst
vorbei. Sie ist aber doch der tonangebende
Schrifttext der Liturgie geblieben. Und wenn
Weihnachten auch in unseren Tagen noch
manchen schon ins Abseits geratenen Christen
den Weg in die Kirche finden läßt, so gewiß
nicht nur der romantischen Dekoration dieses
Festes zuliebe. Mit seinem Evangelium verbindet sich auch heute noch eine allgemeine, wenn
auch weithin verschüttete Hoffnung. Auch
dem verunsicherten und suchenden Christen
den Zugang zur Frohbotschaft von der Geburt
des Weltenheilandes zu erschließen, ist das
ehrliche Anliegen meines bescheidenen Ver-
suchs. Die Anregung zu demselben verdanke
ich dem Verlag Herder. Für freundliche Nach-
hilfe weiß ich mich Herrn Kollegen Dr. P.
Fiedler und Herrn Assistent Dr. L. Oberlinner
zu Dank verpflichtet.

Freiburg, im Oktober 1977 *Anton Vögtle*

Inhalt

Einführung

Seit früher Kindheit ist uns die lukanische Weihnachtserzählung vertraut. Wie kein anderes Stück der Evangelien weckt diese Erinnerungen und Empfindungen, die uns besonders lieb und teuer sind. Sind die Exegeten aber nicht schon längst dabei, uns die Freude an diesem Herzstück weihnachtlicher Verkündigung und Stimmung von Grund auf zu verderben? Da ist doch in einem der anerkanntesten Jesusbücher seit 1956 zu lesen, „Bedeutung und Sinn" der sogenannten Geburts- und Kindheitsgeschichten würden auf einem anderen Blatt als dem des historischen Berichts stehen. „Jesu Kindheit und Jugend liegt für uns geschichtlich im Dunkeln. Die Vorgeschichten bei Matthäus und Lukas, die nicht unerheblich sich voneinander unterscheiden, sind zu sehr von Legende und Gedanken jüdischer und christlicher Messiasdogmatik überwachsen, als daß man sie für historische Feststellungen auswerten könnte" (G. Bornkamm). Oder blicken wir in die bekannte Predigthandreichung des Katholischen Bibelwerks „Am Tisch des Wortes". Unter der Rubrik „Exegetische Vorentscheidungen" wird zur Geburtserzählung Lk 2,1—7 kurz und bündig erklärt: „Für die Historizitätsfragen nach Geburtszeit, Geburtsort und Geburtsumständen Jesu müssen die von Lukas stammenden Sätze außer Betracht bleiben" (W. Pesch).

Was anderes als ein erzählender Bericht?

Apodiktische Urteile wie die zitierten sollen uns nicht zum Widerspruch reizen? Ich denke jetzt freilich nicht an textüberschüssige Konkretisierungen, mit denen herkömmliche Erzählmodelle die vorliegenden Angaben ergänzend ausschmücken und wohl auch der kindlichen Wißbegier entgegenkommen: an die kalte Winternacht, an Ochs und Esel, die sich im 3. Jahrhundert — wohl aufgrund von Jesaia 1,3 — ins Bild geschlichen haben, oder an den Herbergswirt, dessen Hartherzigkeit wegen Maria und Josef in einem Viehstall oder in einer Höhle lagern mußten. Was wirklich da steht, ist ja wohl schon deutlich genug.

Wie soll unser Evangelium ungezwungen überhaupt anders denn als erzählender Bericht verstanden werden können? Maria und Josef sind doch unbestritten historische Personen. Und daß die Person, um die sich alles dreht, geboren wurde, kann sinnvollerweise noch weniger bezweifelt werden als das spätere Faktum des Kreuzestodes. Trotz des Glanzes, der bereits auf den Säugling fällt, verbleibt dieser zudem situationsgemäß in einer völlig passiven Rolle. Der Neugeborene ist nur Objekt des Geschehens. Weder wird er direkt angesprochen noch tritt er selbst etwa redend in Erscheinung. Und natürlich gab es schon damals das 9 km südlich von Jerusalem gelegene Betlehem, wenn das kleine Dorf auch längst nicht mehr von Bedeutung war. Auch die Anwesenheit nachtwachehaltender Hirten bereitet nicht die geringste historische Schwierigkeit, wenigstens nicht für die Monate März bis November. Der 25. Dezember, der erst seit 336 n. Chr. als Feier des Tages der Geburt Christi direkt bezeugt ist, steht einem Geburtsdatum innerhalb dieser Monate nicht entgegen. Andrerseits können wir freilich früher bezeugte, rund schon um 200 n. Chr. genannte Datierungen der Geburt Christi auf den 20. Mai oder den 20./21. April auch nicht als positive Belege für die Historizität des genannten Hirtenmotivs beanspruchen, da diese Datierungen mit höchster Wahrscheinlichkeit ebensowenig auf historischer Überlieferung beruhen. Aber es bleibt dabei, die Situationsangabe von nächtlicher Hirtenwache kann sehr wohl historisch zutreffen. Im hellen Licht der Geschichte der großen Welt steht sodann selbstverständlich Augustus, der Kaiser des den ganzen Mittelmeerraum umspannenden römischen Weltreiches; desgleichen der uns auch aus nichtchristlichen Quellen bekannte „Kyrenios", der mit seinem vollen lateinischen Namen „Publius Sulpicius Quirinius" heißt. Sicher wurde Jesus in der Regierungszeit des Augustus (29 vor bis 14 nach Christus) geboren. Wenn etwas unserer Erzählung von der Geburt Jesu in Betlehem den Stempel der Historizität aufdrücken zu können scheint, dann doch wohl die Verknüpfung dieser Geburt mit einem so profanen Geschehen, wie es die hier genannte Registrierung zum Zweck der Steuerveranlagung darstellt.

Dürfen wir es mit diesen Feststellungen aber schon bewenden lassen? Ehe wir uns dieser Frage stellen, empfiehlt es sich, einen Blick auf den Aufbau und wesentlichen Inhalt unserer Perikope zu werfen.

I
Aufbau und Inhalt
des Weihnachtsevangeliums

Die uns vorliegende Perikope umfaßt zwei
unterscheidbare Erzählstücke:

A. *Der Auftakt:*
   Wie es zur Geburt Jesu in Betlehem kam (1–7):
1. der römische Zensus als auslösendes
   Geschehen (1–3);
2. der Aufbruch Josefs und Marias von Nazaret nach Betlehem als zuständigem Meldeort
   (4–5);
   die Geburt des Kindes und seine Unterbringung in einer Krippe (6–7).

B. *Das Herzstück:*
   Die Offenbarung der Geburt des Retters (8–20):
1. die Engelverkündigung an nachtwache-
   haltende Hirten (8.9–12.13–14), die mit der
   Rückkehr der Engel in den Himmel (15a)
   schließt;
2. der Aufbruch der Hirten nach Betlehem und
   die Bestätigung der himmlischen Botschaft
   (15b–16);

3. Kundgabe der Hirten von der ihnen geschenkten Offenbarung und die Wirkung auf die Hörer (17–19);

4. die Rückkehr der Gott preisenden Hirten (20).

Beachten wir schon hier einen charakteristischen Unterschied der beiden Abschnitte. Der erste (1–7) läßt zwar die Idee der Verwirklichung des göttlichen Heilsplans durchblicken. Er nennt aber kein Moment, das seiner Natur nach als „übernatürlich" gelten müßte. Am Anfang steht als auslösendes Geschehen der rein weltliche Akt der kaiserlichen Verordnung einer reichsweiten Registrierung, der „alle" zum Vollzug desselben aufbrechen läßt (1–3) und auch den Davididen Josef nötigt, von Nazaret nach Betlehem hinaufzugehen und seine Frau daselbst ihr Kind zur Welt bringen zu lassen (4–7).

Der zweite Abschnitt, der ebenfalls ein in sich geschlossenes Ganzes bildet, beginnt mit der Einführung irgendwelcher nachtwachehaltender Hirten auf den Fluren Betlehems (V 8) und schließt mit der Rückkehr dieser Hirten zu ihren Herden (V 20). Dieser Abschnitt wird auch gern als „Hirtengeschichte" bezeichnet. Obwohl die Hirten als Empfänger und Ver-

mittler einer himmlischen Offenbarung durchaus Hauptakteure sind, sprechen wir aber
richtiger von einer „Offenbarungserzählung".
Denn der zentrale Inhalt des Stückes ist nichts
anderes als die himmlische Offenbarung, daß
der Messias, der Heiland in „der Stadt Davids"
geboren ist. Das auslösende Geschehen, mit
dem der Fortgang der ganzen Erzählung steht
und fällt, ist hier ein ausgesprochenes Wunder,
näherhin ein doppelstufiges Auftreten von
Engeln, die die erfolgte Geburt des Messias
verkünden und als Großtat Gottes preisen.

II
Der Zugang:
Text und Geschichte

„Soll uns dieses Sezieren des heiligen Textes
schon auf ein leidiges Problematisieren vorbereiten? Von einer ‚Meditation‘ zu Lk 2,1—20
erwarte ich eine erbauliche Besinnung, die aus
einer ergreifenden Entfaltung des berichteten
Geschehens selbst erwächst." Ja, wenn unsere
Perikope zu den zahlreichen Erzähltexten des
synoptischen Evangelienstoffes gehören würde, die sich relativ unvermittelt angehen lassen.
Ausgerechnet beim Weihnachtsevangelium ist
das aber nicht der Fall. So ärgerlich es auch
klingen mag: der Zugang zur vollen Er-
schließung seines eigentlichen hohen Aussage-
gehalts wird uns erst durch die Erkenntnis
seiner literarischen Gattung eröffnet. Das ist
wahrhaftig noch kein Grund, gleich schlimmen
Verdacht zu schöpfen. Kein verantwortungs-
bewußter Ausleger denkt daran, menschlicher
Glaubensschwäche oder mangelnder Glau-
bensbereitschaft zuliebe unser Evangelium de-
montieren und ihm möglichst jede Anstößig-

keit nehmen zu wollen. Das Gegenteil ist der Fall! Es geht darum, unsere Erzählung als unseren Glauben fordernde und in der Tat nur dem Glaubenden zugängliche frohe Botschaft zur Geltung zu bringen. Der Anmarschweg historischer und literarischer Information soll den redlich Suchenden und glaubenswillig Fragenden dazu führen, unbegründete Anstöße, überflüssige Fragen und falsche Erwartungen hinter sich zu lassen, damit er unsere Erzählung als das vernehmen kann, was sie ist und sein will: Verkündigung „einer großen Freude".

1. DIE ERZÄHLUNG VON DER OFFEN-
BARUNG DER GEBURT DES MESSIAS

Diese Offenbarungserzählung (8—20) ist das Herzstück und der Höhepunkt des ganzen Weihnachtsevangeliums. Ausschließlich des nachts auf freiem Feld lagernde Hirten sind als Beobachter der Engelerscheinungen und als Hörer der den Fortgang der Erzählung ermöglichenden Geburtsproklamation vorausgesetzt. Dementsprechend ist unser Hauptstück aus der Perspektive der Hirten erzählt. Wir versuchen deshalb zunächst gewiß mit Recht, diese Erzählung als Erlebnisbericht zu verstehen.

Engelverkündigung oder innere Erleuchtung?

Wie schon erwähnt, kann das auslösende Geschehen dieses Hauptstücks von der uns bekannten und vorstellbaren Geschichte her nur als massives Wunder bezeichnet werden. Zum Auftreten und Reden eines „Engels des Herrn" kommt sogar eine massierte Engelerscheinung, die in den Evangelien einmalig dasteht. Entscheidender als das Gloria des Engelchors ist die einleitende Geburtsverkündigung des Einzelengels, da diese den Fortgang der ganzen Erzählung bestimmt und überhaupt ermöglicht. Nun hat man schon versucht, die durch die Engelerscheinungen eingebrachten mirakelhaften Züge in die geschichtliche Dimension zu ziehen und somit zwischen wirklichem Geschehen und erzählerischer Einkleidung zu unterscheiden. Man sagte, der Verkündigungsengel und die die Hirten umstrahlende „Herrlichkeit Gottes" seien von den Hirten nicht mit leiblichen Augen wahrgenom-

men worden. Was die Erzählung den Verkündigungsengel sagen und das dazukommende
Engelheer hymnisch deuten läßt, sei den Hirten
aufgrund einer inneren Erleuchtung zur Gewißheit geworden. Schon sie selbst oder doch
Spätere hätten dieses Offenbarungserlebnis
veranschaulichend wiedergegeben, indem sie es
nach gut biblischer Vorstellung als eine durch
Engel erfolgte Kundmachung darstellten.

Man braucht sich diesem Vorschlag nicht
vorweg zu verschließen. Daß schon die Hirten
selbst diese veranschaulichende Mitteilung
leisteten, kann nicht einfach als unmöglich
abgetan werden. Auch einfache Leute hörten
bei der synagogalen Schriftlesung und Homilie
von „dem Engel des Herrn" als Übermittler
göttlicher Botschaft und Weisung. Desgleichen
wußten sie von unzählbaren Engeln, die den
himmlischen Hofstaat Gottes bilden. Damit,
daß die Hirten oder auch Spätere nur von
„einer Menge" des himmlischen Heeres gesprochen hätten, hätten sie zudem das Gros der
Engel ordnungsgemäß im Himmel belassen.
Auch diese Erleuchtungshypothese setzt sodann eine echte Offenbarung voraus. Ja, wenn
man sich die Botschaft von dem als Säugling in
einem Futtertrog liegenden Messias auf dem

Hintergrund damaliger Messiaserwartungen besieht, könnte man sogar darüber streiten, was als größeres Wunder gelten müßte: die Offenbarung dieses Sachverhalts durch das Wort eines sichtbar werdenden Boten Gottes oder durch eine innere Erleuchtung.

Freilich wird man sich diesen Streit mit gutem Gewissen ersparen können. Denn wie der Versuch, unsere Erzählung als Erlebnisbericht zu verstehen, noch ergeben wird, kommt noch ein Gesichtspunkt ins Spiel, demgegenüber die Frage „Offenbarung durch sichtbare Engel oder durch innere Erleuchtung" geradezu bedeutungslos wird. Auch im letzteren Fall wäre ein Eingriff Gottes erfolgt, der hinsichtlich des Aktes wie des Inhalts der Offenbarung ein Wunder gewesen wäre. Da ein solches bekanntlich einen guten Sinn haben muß, wird es deshalb letztlich darauf ankommen, ob sich die hier für den Zeitpunkt der Geburt Jesu vorausgesetzte Kundmachung der Messianität Jesu an Repräsentanten Israels in den Gang und die Ökonomie der Christusoffenbarung sinnvoll einordnen läßt.

Die diskussionslose Aufnahme der himmlischen Boten und ihrer Botschaft

Bleiben wir dann also bei dem, was unser Text sagt. Nichts deutet auf eine innere Erleuchtung oder auch nur auf eine Engel-„Vision" hin. Vom „Hinzutreten" „eines Engels des Herrn" und vom „Weggehen" der Engel in den Himmel spricht der Erzähler so realistisch, wie im öffentlichen Wirken Jesu vom Hinzutreten von Menschen zu Jesus und deren Weggehen die Rede ist. Ist ein gestalthaftes, sichtbares Auftreten von ihrer Natur nach unsichtbaren Geistern überhaupt ein „mögliches" Wunder? Diese Frage stelle ich nicht und kann ich schon gar nicht verneinen. Sicher ist aber zu bedenken, daß das Bekanntsein von Engelerscheinungen aus der religiösen Überlieferung Israels und die eigene Erfahrung solcher Angelophanien auch im damaligen Israel völlig verschiedene Dinge waren. Gewiß zurecht wagt man das auch nicht zu bestreiten durch die Berufung auf andere, je charakteristische Situationen und Stücke, in denen die Evangelien und besonders ihre beiden Vorgeschichten Engel auftreten beziehungsweise auch im Traum erscheinen lassen, oder gar durch den Hinweis auf die

literarische Funktion des Deuteengels in sogenannten apokalyptischen Visionen. Trotzdem
kommt in unserer Darstellung nicht etwa die
Frage auf, wie „der Engel des Herrn" aussah,
woran er als solcher erkennbar war. Dieser
schlechthinnige Bote Gottes (malach Jahwe),
den die fortschreitende theologische Reflexion
des Judentums schon längst anstelle Jahwes
zu den Menschen treten und reden ließ, ist
hier ja gemeint, wie der Schluß von Vers 15
bestätigt.

Ebensowenig wird zum Problem, wie der die
Hirten umstrahlende Machtglanz (doxa), der mit
dem Hinzutreten des Engels des Herrn verbunden wird, als „die Herrlichkeit Gottes", als
der von Gott ausgehende Lichtglanz erkannt
wurde. Oder auch: wie das Hinzutreten des
Verkündigungsengels, die „plötzliche" Anwesenheit vieler Engel, ihr „Weggehen in den
Himmel" näherhin anzusehen war. Die erste
und bis auf die Befolgung der Engelbotschaft
einzige Reaktion der Hirten ist die in biblischen
Erzählungen von einer Erscheinung himmlischer
Wesen seit je stilgemäße „große Furcht", der
als ebenso topisches Motiv als erstes Wort des
Verkündigungsengels das zum Offenbarungsempfang bereitmachende „Fürchtet euch

nicht!" entspricht (V 9-10a). Und damit geht
schon alles glatt vonstatten. Charakteristisch ist
eben gerade die Selbstverständlichkeit und
Unbefangenheit, mit der unsere Erzählung auf
der Ebene der äußeren Erscheinungswelt Engel
auftreten und Menschen unverhofft mit einer
unerhörten Botschaft ansprechen läßt, ohne
daß die geringste Frage, ein Zweifel oder auch
nur ein Zeichen der Überraschung und Verwunderung aufkommt. Daß „der Herr", nämlich Gott, durch die Engel zu ihnen gesprochen
hat, daß es sich um „ein geschehenes Wort"
handelt, das ihnen Kundgemachte also Wirklichkeit ist, ist diesen Hirten so selbstverständlich, daß sie ohne jede Spur einer Diskussion
einmütig einander den Entschluß zurufen:
„Wir wollen also nach Betlehem gehen und
dieses geschehene Wort, das der Herr uns
kundgemacht hat, ansehen" (V 15).

Will eine Darstellung, die Engelerscheinungen und Engelbotschaften so selbstverständlich
in das Diesseits einbrechen und hier diskussionslos wirksam werden läßt, als ob die
Vermittlung einer göttlichen Botschaft durch
sichtbare Engel für diese Hirten keineswegs ein
unerhörter Vorgang gewesen wäre, wirklich
ein so erlebtes Geschehen berichten? Drängt

nicht bereits der biblische Gemeinplatz der Engelerscheinung zur Frage nach der Art und Intention unserer Erzählung?

Warum nach Betlehem?

Aus historischen Gründen wird bezweifelt, ob der Verkündigungsengel den Hirten bereits den Titel „Retter" und vor allem den im Alten Testament nur für Gott verwendeten Namen „der Herr" als messianische Hoheitstitel zugemutet hätte. Das besagt indes noch wenig, da im Mund des Verkündigungsengels schon der Titel „der Gesalbte" (= der Messias = der Christus) bzw. „der Gesalbte des Herrn" genügt hätte. Auch dann überrascht der diskussionslose Entschluß der Hirten durch ein weiteres Moment. Der Verkündigungsengel sprach von der Geburt des Messias in „der Stadt Davids", nicht etwa: in Betlehem. Im Alten Testament wie im damaligen jüdischen Sprachgebrauch bezog sich der Titel „Stadt Davids" stets auf den Berg Zion, auf Jerusalem als die Residenz des Königs David. In der Lk 2,8–20 vorausgesetzten Situation können die Hirten auch nicht wissen, was später im

Evangelium (V 4) zu lesen sein wird: daß nämlich Josef hinaufging „in die Stadt Davids, die Betlehem heißt". Daß einfache Hirten mit der gleichen Selbstverständlichkeit, mit der die nachösterliche Christuserzählung von Mt 2 die jüdischen Schriftexperten aus Micha 5,1.3 Betlehem als Geburtsort des Messias heraus-lesen läßt, noch einen Schritt weitergingen und „die Stadt Davids" auf Betlehem deuteten, ist eine gewagte Voraussetzung. Zum mindesten bleibt der begründete Verdacht, daß unsere Erzählung mit der selbstverständlichen Identi-fizierung „der Stadt Davids" mit Betlehem die vorausgesetzte historische Situation übersteigt.

Ein auffälliges Desinteresse
am Standort der Krippe

Als bestätigendes Erkennunsgzeichen nannte der Verkündigungsengel „ein Kind, gewindelt und in einer Krippe liegend" (V 12). Die auf eine normale Versorgung hinweisenden Win-deln sollen anzeigen, daß es sich um ein ganz kleines Kind, einen Säugling handelt. Das entscheidende Zeichen für die Identifizierung des Messiaskindes ist deshalb die Unterbringung in einer Krippe. Deutlich ist indes nur, daß diese Krippe in „der Stadt Davids", im Verständnis des Erzählers also in Betlehem zu suchen ist. Wo sie daselbst steht, hat der Verkündigungsengel den Hirten auch nicht andeutend verraten. Der Erzähler denkt auch nicht daran, die Hirten nach dem Wo der Krippe fragen zu lassen oder ihnen auch nur Gelegenheit zu bieten, diese Frage an den oder die Engel zu stellen. Dabei konnte sich nach unserer Kenntnis der palästinischen Verhältnisse ein Futtertrog, meist aus Lehm oder Stein oder auch als Nische in einer Rückwand, buchstäblich in oder bei jedem Haus Betlehems finden: im Hause selbst, in dem Menschen und Großvieh, lediglich durch eine erhöhte Wohnterrasse von etwa 60 cm geschieden, häufig beieinander waren, oder in einem Anbau oder auf dem das Bauernhaus umgebenden Hof, bei einem aufwendigeren Großbetrieb auch in einem separaten Stall, aber auch in oder bei der Herberge, sofern Betlehem eine solche hatte. Nun schließt zwar auch das griechische Wort für „auffinden" – „und sie fanden Maria und Josef und das Kind . . ." – ein voraufgehendes Suchen ein. Ausdrücklich ist von einem solchen jedoch nicht die Rede. Es wird weder gesagt, daß sich die Hirten über das Wo der Krippe Gedanken machten, noch, wie ihr Suchen vor sich ging.

Das ist auch ganz überflüssig! – lautet ein erster Vorschlag. Die Hirten haben das Krippenkind auf Anhieb in der Herberge gefunden. Was sollte aber die Hirten veranlaßt haben, zuerst ausgerechnet an ein Kind ortsfremder Leute zu denken? Die Registrierungsaktion natürlich, die zahlreiche Fremde nach Betlehem führte! Ausgerechnet diese Karte sticht nicht. Daß die nur im Erzählvorspann (1–7) genannte Registrierung tatsächlich stattfand und die Hirten deshalb auch von dieser wissen konnten, wird sich als höchst unwahrscheinliche Voraussetzung erweisen. War es dann die – trotz der damaligen äußeren Nähe von Mensch und Tier – ungewöhnliche Unterbringung des Neugeborenen in einem Futtertrog, die die Hirten als erstes an die Herberge denken ließ? Warum heißt es dann aber nicht: „und sie fanden in der Herberge ... das Kind, in der Krippe liegend"? Nach einem weiteren Vorschlag stand der Futtertrog im eigenen Haus/Stall oder in einem der Ställe der Hirten. Abgesehen davon, daß die sonstigen Angaben keine Entscheidung über die Herkunft der Hirten, ob aus Betlehem oder anderswoher, erlauben, wird jedenfalls nicht gesagt, die Hirten seien in ihr Haus gegangen, sie hätten das Kind in der Krippe ihres Stalles oder eines ihrer Ställe gefunden oder ähnlich. Auf diese Auskunft wäre man übrigens wohl kaum gekommen, wenn eine historisierende Auslegung nicht das verständliche Bedürfnis empfunden hätte, eine Erklärung für das anscheinend spontane Auffinden des Krippenkindes zu finden.

Auch ein dritter Versuch erlaubt keine befriedigende Erklärung. Rechnen wir mit unserer Offenbarungserzählung als einer ursprünglich selbständigen Einheit. Solange wir diese für sich lesen, also ohne den Erzählvorspann 1–7, der Nazaret als Wohnort Josefs und Marias nennt, legt sie entschieden Betlehem als Wohnort der beiden nahe. Dann könnte die Nennung der Namen „Maria und Josef" daran denken lassen, daß die Hirten ebenfalls Betlehemiten waren, also das Ehepaar kannten und sogar um die Erwartung eines Kindes wußten. Dann wäre aber doch zu erwarten: „. . . und sie gingen in Eile in das Haus Marias und Josefs und fanden...''; oder auch: „und sie gingen in Eile hin und fanden im Haus Josefs und Marias das Kind in der Krippe liegend.'' Stattdessen

läßt unsere Erzählung die Hirten Maria und
Josef genau so „finden" wie das in der Krippe
liegende Kind. Bei einem in Betlehem wohnhaf-
ten Ehepaar müßte auch die provisorische
Unterbringung des Neugeborenen im Futtertrog überraschen, solange man nicht besonders
ärmliche Verhältnisse voraussetzt. Unsere Erzählung selbst läßt jedenfalls nicht das geringste
Empfinden eines Bedauerns aufkommen. Daß
diese Unterbringung des Säuglings eine höhere
Notwendigkeit ist, nämlich den Hirten als das
vom Engel genannte Erkennungs- und Bestäti-
gungszeichen dienen muß, läßt unsere Erzählung Maria und Josef ja erst nachträglich von
den Hirten erfahren.

Die „Zeichen"-Funktion des Futtertrogs ist
andererseits ein wesentliches Moment für den
hier geschilderten Ablauf: Identifizierung des
Kindes und gleichzeitige Bestätigung der angelischen Verkündigung der erfolgten Geburt des
Messias – Berichterstattung der Hirten –
Reaktion der Beteiligten. Wenn es gegenüber
den Worten des Verkündigungsengels („ihr
werdet ein Kind finden … in einer Krippe
liegend") nun heißt: „sie fanden … *das* Kind in
der Krippe liegend", scheint die Erzählung eben
überhaupt nur am Gedanken interessiert zu

sein, daß die Hirten das Kind und die Krippe fanden, von denen der Verkündigungsengel sprach.

Wir müssen also zugeben, für eine Auslegung, die auf einen durchsichtigen und in sich einsichtigen Ablauf bedacht ist, wirkt das völlige Desinteresse am Wo der Krippe und am Wie ihrer Auffindung recht befremdlich. Erklärt sich diese sorglose, für unser Empfinden unzulänglich informierende Darstellung etwa daraus, daß der Erzähler mit den Fragen, die wir an ihn richten, gar nicht rechnete und von seinem Standort aus auch nicht zu rechnen brauchte? Ja, hätten Angaben über das „Suchen" der Hirten die Zeichenfunktion der Krippe sogar eher problematisieren können, nämlich in Richtung der Frage, ob ein Futtertrog als Liegestatt eines Neugeborenen außergewöhnlich genug war, um die Identifizierung des gemeinten Kindes zu gewährleisten?

Nicht die Spur einer Öffentlichkeitswirkung

Dem Versuch, unsere Offenbarungserzählung als Erlebnisbericht zu verstehen, stehen noch beträchtlichere Schwierigkeiten im Weg.

Setzen wir im Munde des Verkündigungsengels
wenigstens den Messiastitel voraus. Auch dann
wäre schon mehr als genug geschehen, selbst
wenn der Engelchor und dessen himmlische
Bekräftigung der Geburtsbotschaft ein späterer
Zusatz wäre. Einigen Hirten, die dem herr-
schenden Volksglauben gemäß den Messias vor
allem als Volksbefreier erwarteten, wäre durch
einen Engel Gottes die erfolgte Geburt des
Messias verkündet und durch ein himmlisch
geoffenbartes Erkennungszeichen als wahr bestätigt worden. Zweifellos wäre die Geburt des
Messias die unüberbietbare Neuigkeit für das
damalige Israel gewesen. Kann man sich im
Ernst vorstellen, daß „alle", die das von den
Hirten Gesagte hörten (V 18), daß insbesondere
diese selbst als authentische Zeugen des Offenbarungsgeschehens die „große Freude", die
nach dem Wort des Engels ja „dem ganzen
Volk zukommen wird" (V 10), zu Hause und
wo auch immer nicht weitererzählten, ja nicht
weitererzählen mußten? Der Gedanke an ein
Schweigegebot, mit dem die Evangelienüber-
lieferung Jesus das Messiasbekenntnis bei
Cäsarea-Philippi beantworten läßt (Mk 8,30),
liegt dem Engel und den Engeln unserer
Perikope sichtlich fern. Man kann sich ebenso

schlecht vorstellen, daß die höchst aufregende Kunde von der Geburt des Messias in den Tagen des verhaßten halbheidnischen Despoten Herodes überhaupt keine Beachtung gefunden hätte. Hätten die Hirten keine Beziehung zu Betlehem gehabt, hätten die Dorfbewohner doch wenigstens durch jene „alle", deren Anwesenheit in Vers 18 vorausgesetzt wird, von dem großen Ereignis erfahren müssen. Bloße Flüsterpropaganda hätte ja schon ausgereicht, um die angebliche Kunde von Betlehem aus vor allem in die nahegelegene Hauptstadt Jerusalem dringen zu lassen.

Warum zeigt sich dann nicht der geringste Reflex auch nur eines Gerüchtes – weder in den ziemlich reichlich fließenden jüdischen Quellen noch in den ältesten christlichen, nämlich neutestamentlichen Dokumenten der Jesusgeschichte? Das andersartig ausgerichtete mattäische Gegenstück zu unserer Offenbarungserzählung (Mt 2) schließt übrigens sogar aus, daß die Kunde von der angeblichen Messiasgeburt aus Betlehem oder überhaupt von jüdischer Seite in die Hauptstadt gelangte. Dabei wäre die Behauptung der angelischen Proklamation der Geburt des Messias in Betlehem in ihrer Art wahrhaftig nicht weniger aktuell und aufregend gewesen als das uns mehrfach bezeugte Auftreten sogenannter messianischer Propheten. Kann sich die historische Fragestellung wirklich mit der Annahme zufrieden geben, jene unerhörte Kunde sei in der israelitischen Öffentlichkeit nun einmal ohne jede Nachwirkung verebbt?

Wozu die vorgreifende himmlische Proklamation der Messianität Jesu?

Noch mehr muß ein Blick auf den Verlauf und die Ökonomie der Christusoffenbarung zu denken geben. Dem nicht zu bestreitenden Zeugnis der Evangelien und der Apostelgeschichte zufolge war Jesus erst nach dem Auftreten Johannes des Täufers (wohl um 28/29 n. Chr.), also erst im Alter von etwas mehr als 30 Jahren, aus seinem in der Tat „verborgenen" Leben herausgetreten und mit seiner Heilsbotschaft in der israelitischen Öffentlichkeit aufgetreten. Das älteste Evangelium (Markus) setzt bekanntlich überhaupt erst mit dem Wirken des prophetischen Vorläufers als „Anfang des Evangeliums von Jesus Christus" ein. Von der einstigen Engelverkündigung der

Geburt des Messias Jesus spricht es sowenig wie von anderen Ereignissen der unterschiedlichen Geburts- und Kindheitsgeschichten der beiden späteren Großevangelien. Kein einziger Evangelist dachte etwa daran, Jesus selbst sich auch nur andeutend darauf berufen zu lassen, er sei schon gleich nach seiner Geburt durch „den Engel des Herrn" als der Messias geoffenbart worden; oder auch nur, er sei in Betlehem geboren worden. Auch das so gut wie sicher erst nachösterlich gebildete Davidsohn-Gespräch (Mk 12,35–37 und Parallelen) weist nicht entfernt auf dieses Ereignis hin. Noch erheblicher ist der positive Befund. Auch für die Befürworter der Historizität des Messiasbekenntnisses bei Cäsarea-Philippi und/oder vor dem Hohen Rat steht außer Zweifel: Jesus hat es vermieden, sich in der Öffentlichkeit als den Messias einzuführen. Er vermied es, seinen Anspruch als endzeitlicher Offenbarer und Heilbringer mit dem ohnehin mehrdeutigen, vor allem auch politisch belasteten Titel „der Messias" (= der Gesalbte Gottes) oder auch „der Sohn Davids" zu legitimieren – so sinnvoll und notwendig die Verwendung des Messiastitels in der andersartigen nachösterlichen Verkündigung werden mußte.

Welchen Sinn und Zweck soll die vorgreifende himmlische Offenbarung der Geburt „des
Messias" an Repräsentanten der jüdischen
Öffentlichkeit dann aber gehabt haben, wenn
sie für das offenbarende Wirken Jesu nicht nur
nichts austrug, sondern sogar ohne jede Nachwirkung in der jüdischen Öffentlichkeit bleiben
mußte, sofern sie nicht in Gegensatz und
Spannung zu der für die Verkündigung Jesu
gebotenen Reserve geraten sollte? Wenn überhaupt etwas, muß doch ein Wunder – und um
ein solches würde es sich eben auch dann
handeln, wenn der auslösende Akt statt einer
äußeren Engelerscheinung ein bewußtseins-
immanentes Offenbarungsgeschehen gewesen
wäre – einen sinnvollen Zweck erkennen lassen,
um glaubwürdig sein zu können. Dann können
wir uns aber schwerlich der Frage entziehen, ob
die eigentliche Intention unserer Erzählung
wirklich in der Behauptung liegen kann, schon
gleich nach der Geburt Jesu sei einigen Hirten
und mittelbar auch anderen Israeliten von
Boten Gottes geoffenbart worden, daß in
Betlehem „der Messias" geboren ist.

In diese Richtung weist uns im besonderen
auch der Schluß der Perikope. „Und die Hirten
kehrten zurück, Gott preisend und lobend für

alles, was sie gehört und gesehen hatten, (genau)
wie es zu ihnen gesagt worden war" (V 20).
Woran dem Erzähler liegt, ist offensichtlich die
Betonung der Wahrheit, daß in diesem Kind
der Messias geboren ist; nicht aber die Vorstellung, „die große Freude" der Messiasgeburt sei
schon zu jenem Zeitpunkt „dem ganzen Volk"
zuteil, nämlich in der israelitischen Öffentlichkeit bekannt geworden. Sonst müßte die Perikope mit dem schließen, was vom historisch-
psychologischen Standpunkt denn auch entschieden zu erwarten wäre: daß nämlich die
Hirten und mit ihnen auch jene „alle", wenn
schon nicht in derselben Nacht so doch bald
und überhaupt von dem beglückenden Geschehen anderen berichteten. Wie die Sache in
diesem Fall weitergegangen wäre, könnte man
sich übrigens nur besorgt fragen, wenn man an
die Christuserzählung von Mt 2 denkt. Denn
diese weist mit dem Motiv vom betlehemitischen Kindermörder immerhin auf einen nur
allzu wahren Charakterzug des historischen
Königs Herodes hin. Diese Sorge braucht uns
indes nicht zu plagen. Mit ihrem Schlußsatz
scheint unsere Offenbarungserzählung auch
ihrerseits die Frage nach einem damaligen
Publikwerden der himmlischen Offenbarung

der Geburt des Messias abschneiden zu wollen.
Die Hirten, die als unmittelbare Offenbarungsempfänger die eindeutigen Protagonisten auf
der irdischen Ebene sind, werden nicht zu
Boten der himmlischen Offenbarung. Sie keh-
ren zu ihren Herden zurück und bleiben allein
mit ihrem Lob über die Geburt des Messias.
Gleich den auf ihre Art „Offenbarung" emp-
fangenden heidnischen Sternkundigen der mattäischen Christuserzählung, die vom Messiaskind in Betlehem ohne den Rückweg über
Herodes in ihr Land heimziehen (Mt 2,12),
treten auch die Hirten von der Bühne ab, ohne
das geringste Echo auszulösen. Man kann sich
schwerlich des Eindrucks erwehren, unsere
Erzählung wolle selbst abschließend die Vorstellung vermeiden, als habe die israelitische
Öffentlichkeit schon gleich nach der Geburt
Jesu von der himmlischen Offenbarung seiner
Messianität erfahren.

Wer sind die eigentlichen Adressaten
der himmlischen Offenbarung?

Die Frage, auf die unsere Beobachtungen
insgesamt hindrängen, kann doch wohl nur

lauten: Wer sind denn die eigentlichen Adressaten, an die sich die himmlische Proklamation des in Betlehem geborenen Messias richtet? Sind es die in der Erzählung genannten Menschen, die gleich nach der Geburt Jesu von dieser Offenbarung erfahren, oder aber die nachösterlichen Hörer der Erzählung? Setzt dieselbe in Wirklichkeit die später durch und an Jesus erfolgte Offenbarung der Heilbringerwürde Jesu voraus, so daß sie von Grund auf nicht von einem konkreten wunderbaren Offenbarungserlebnis anläßlich der Geburt Jesu berichten, sondern die Geburt Jesu als das Wunder der Geburt des Erlösers verkünden will?

2. DIE EINLEITENDE GEBURTSERZÄHLUNG

Nun scheinen die unserer Offenbarungserzählung (8–20) voraufgehenden Verse 1–7 zunächst ein „Halt" zu signalisieren. Denn hier ist ja bereits denkbar nüchtern gesagt, Maria habe in Betlehem Jesus – nur er ist mit „ihrem erstgeborenen Sohn" gemeint – geboren, gewindelt und in eine Krippe gelegt. Und nötigt nicht vor allem die durch die kaiserliche

Zensusverordnung erzwungene Betlehemreise Josefs und Marias zu dem Schluß, daß jedenfalls Betlehem als Geburtsort Jesu sowie die Unterbringung des Neugeborenen in einer Krippe als streng biographische Daten der nachfolgenden Offenbarungserzählung gelten müssen?

Das Zensusproblem

Nun wird aber gerade die Zuverlässigkeit der Angaben über den römischen „Zensus", wie der lateinische Name für die Registrierung zur Steuerveranlagung heißt, bestritten. Die geringeren Schwierigkeiten bieten noch die näheren Angaben der Verse 3 bis 5.

Der Aufbruch Josefs und Marias nach Betlehem

Daß auch Maria vor dem Zensor erscheinen mußte, ist bei einem Provinzialzensus nicht unmöglich. Unbegründbar ist freilich die Vermutung, für Palästina sei die Praxis besonderer familienrechtlicher Verhältnisse wegen dahin verschärft worden, daß bei „der ersten Ein-

schreibung" auch einer schwangeren Ehefrau
die Beschwerden einer Reise an einen fremden
Meldeort abverlangt wurden. Entscheidender
ist indes der Meldeort selbst. Die Reise Josefs
von Nazaret nach Betlehem wird damit begründet, daß die kaiserlich verordnete Zensusaktion
einen allgemeinen Aufbruch auslöste. „Jeder"
— im Verständnis unseres Textes zweifellos
jeder Bürger und Provinziale — habe sich „in
seine Stadt", nämlich an seinen Herkunftsort
begeben. Damit sagt Lukas aber entschieden zu
viel. Meldeort war der jeweilige Wohnort oder
der Hauptort des zuständigen Steuerdistrikts.
Deshalb schlug man vor, Betlehem sei der
ständige Wohnort Josefs gewesen, den er zuvor
nur vorübergehend verlassen habe, um in
Nazaret durch den Rechtsakt der Verlobung die
Heimführung Marias in sein Haus in Betlehem
zu ermöglichen. Nun schwankt die handschrift-
liche Bezeugung in Vers 5 zwischen der
bestbezeugten Lesart „mit Maria, seiner Verlobten" und der etwas weniger gut bezeugten
„mit Maria, seiner Frau" und schließlich dem
Mischtext „mit Maria, seiner ihm verlobten
Frau". Für die Ursprünglichkeit der Lesart
„mit Maria, seiner Frau" sprechen an sich zwei
Momente. Trotz der rechtlichen Wirkung der

jüdischen Verlobung erfordert die gemeinsame
Reise der beiden entschieden, daß Josef seine
Verlobte schon heimgeführt hatte. Sodann muß
„mit Maria, seiner Frau" im Hinblick auf die im
lukanischen Kontext zuvor erwähnte geistgewirkte Empfängnis (1,27) als die schwierigere
Lesart gelten.

Wie hier auch zu entscheiden sein mag, ob
Lukas z. B. einfach den in 1,27 gebrauchten
Ausdruck „Verlobte" wiederverwendete, ohne
darüber zu reflektieren, daß die Erzählung
Maria und Josef als Ehepaar voraussetzt, und
dieses Umstandes wegen „Verlobte" von späteren Abschreibern durch „Frau" ersetzt wurde,
oder ob schon Lukas „mit Maria, seiner Frau"
schrieb und die „Frau" später von einem Teil
der handschriftlichen Überlieferung durch
„Verlobte" verdrängt wurde, hat die Hypothese von der Heimführung der „Verlobten" in
das Haus Josefs in Betlehem auch die übrigen
Angaben gegen sich. In diesem Fall wäre schon
die provisorische Unterbringung des Neugeborenen im Futtertrog höchst erstaunlich.
Abgesehen davon, daß kein Grund sichtbar
wird, aus dem Josef Betlehem als Wohnort
aufgegeben hätte und mit seiner Familie nach
Nazaret gezogen wäre, läßt Lukas Josef und

Maria sodann nach Nazaret als „in ihre eigene Stadt" zurückkehren (2,39). Vor allem fehlt jede Andeutung, die Pflichtreise zur Registrierung sei mit der ohnedies geplanten Heimführung Marias nach Betlehem zusammengetroffen. Weder wird gesagt, daß Josef Maria in sein Haus heimführte, noch ist auch nur von Betlehem als „seiner" Stadt die Rede. Vielmehr heißt es: „So ging auch Josef von der Stadt Nazaret in Galiläa hinauf in die Stadt Davids, die Betlehem heißt, weil er aus dem Haus und Geschlecht Davids war" (V 4). Betlehem ist nur als „Stammort", nicht als Wohnort Josefs gekennzeichnet. Die einzig sichtbar werdende Beziehung Josefs zu Betlehem ist seine Herkunft aus davidischem Geschlecht und dessen Bindung an Betlehem als „der Stadt Davids".

Nun gibt es aber keinen wirklichen Beleg, wonach man zur Registrierung den Ort der Vorfahren aufsuchen mußte. Deshalb beruft man sich auf den für Ägypten belegten Grundsatz, daß die Leute in dem Bezirk registriert wurden, in dem sie ihr Haus oder Grundbesitz hatten. Josef könne in Betlehem Liegenschaften besessen haben, etwa einen Anteil an einem schwer zu entflechtenden Familienbesitz. Diese Vermutung könnte sich nur auf die historisch nicht zu verifizierende Annahme stützen, das damalige Betlehem sei der oder doch ein Familiensitz von Davidsnachkommen gewesen, zu denen auch Josef zählte. Die zeitgenössischen Quellen kennen indes keine einzige Familie oder ein Geschlecht, das sich vorweg auf davidische Abstammung berufen würde. Deshalb wirkt auch die Befürwortung der Möglichkeit, Josef könne zu einer nicht-aristokratischen Seitenlinie des Davidshauses gehört haben, wenig überzeugend. Die davidische Herkunft Josefs kann bekanntlich auch nicht durch die beiden Stammbäume des Mattäus- und Lukasevangelium, die aus der Sicht der nachösterlichen Verkündigung von unterschiedlichen christologischen Anliegen bestimmt sind, als erwiesen gelten. Für die rund 1000 Jahre seit David zählen sie zudem verschiedene Generationen auf und nennen sogar zwei verschiedene Namen für den Vater Josefs.

Gewichtigere Einwände

Diese zweifelhaften Versuche, die Historizität der zur Betlehemreise führenden Zensusaktion durch die Wohnort- oder durch die Grundbesitzhypothese zu stützen, dürften aber schon deshalb überflüssig werden, weil die in den Versen 1 und 2 genannte Zensusaktion als solche höchst anfechtbar ist. Vor allem vier Einwände fallen ins Gewicht: 1. Die kaiserliche Verordnung eines das ganze Römische Reich gleichzeitig erfassenden Zensus ist für die Regierungszeit des Augustus aus den profanen Quellen nicht zu belegen. 2. Aufgrund der voneinander unabhängigen Stellen Mt 2,1 und Lk 1,5 muß Jesus noch vor dem Tod des Königs Herodes des Großen (37–4 v. Chr.) geboren sein. Da Quirinius zu Lebzeiten des Herodes nie Statthalter von Syrien war, konnte es vor dem Tod des Herodes auch keinen unter seiner Statthalterschaft durchgeführten römischen Zensus in Palästina geben. 3. Die Anordnung einer römischen Steuerschätzung ist nicht vereinbar mit der Souveränität, die Herodes d. Gr. als „verbündeter König" (rex socius) Roms für die Verwaltung seines Staatswesens besaß. 4. Der jüdische Historiker Flavius Josephus kennt keinen römischen Zensus in Palästina zur Zeit Herodes d. Gr. oder auch nur in den unmittelbar folgenden Jahren. Er berichtet sehr wohl von einem Zensus im Jahre 6/7 n. Chr., den der von Lukas genannte

Quirinius in seiner Eigenschaft als Statthalter
der Provinz Syrien durch den Landpfleger
Coponius in Judäa, Idumäa und Samaria
durchführen ließ, nachdem der diese Landschaften regierende Herodessohn Archelaus
6 n. Chr. von Kaiser Augustus abgesetzt und
sein Herrschaftsgebiet einem römischen Prokurator unterstellt worden und somit römischer
Besitz geworden war. Diesen, der neuen
politischen Situation völlig entsprechenden
Zensus, von dem übrigens auch Lukas in seiner
Apostelgeschichte als „dem Zensus" spricht
(5,37), stellt Josephus als ein bisher unbekann-
tes, ja als unerhört einschneidendes Ereignis
dar, weshalb es sich um den erstmaligen Zensus
in einem echt jüdischen Land, nämlich in Judäa,
gehandelt haben muß.

Den ersten, zweiten und vierten Einwand
versucht man durch die Hypothese zu entkräften, was Lukas sagen wolle, sei zwar sehr
ungenau ausgedrückt, aber historisch zu-
treffend. So liege seiner Aussage über die
Verordnung eines Reichszensus die Tatsache
zugrunde, daß es im Zuge der Neuordnung des
gesamten Steuerwesens durch Augustus fak-
tisch nach und nach zur Schätzung des ganzen
Reiches kam, auch wenn man von der kaiser-

lichen Verordnung eines ersten, in Italien und in allen Provinzen gleichzeitig durchgeführten Zensus nicht sprechen könne. Mit dieser „Wegerklärung" des ersten Einwandes könnte man sich noch zufrieden geben, wenn nicht die drei weiteren Einwände dazukämen.

Um den zweiten und vierten Einwand aufzufangen, greift man zu folgender Kombination. Mit seiner mißverständlichen Formulierung in Vers 2 wecke Lukas die Vorstellung, die leitende Stellung des Quirinius im Osten habe sich auf Syrien beschränkt, nämlich auf die Funktion eines Statthalters dieser Provinz. In Wirklichkeit sei Quirinius nach Beendigung seines Konsulats im Jahre 12 v. Chr. in der Zeit zwischen 12 v. Chr. bis 16 n. Chr. römischer Generalbevollmächtigter für den gesamten Orient gewesen. In dieser Eigenschaft als Orientchef habe er schon in der Regierungszeit Herodes d. Gr. in Palästina in Aktion treten können. Er habe nämlich noch vor dessen Tod als ersten Akt die Registrierung (apographä) aller Steuersubjekte und Steuerobjekte durchführen lassen; diesen ersten Akt habe Lukas im Auge. Mehr als zehn Jahre später, eben im Jahre 6/7 n. Chr., habe Quirinius mit dem zweiten und letzten Akt der Steuerveran-

lagung (apotimäsis) die Zensusaktion beenden
lassen.

Die in Vers 2 verwendeten griechischen
Ausdrücke, die meist mit „aufzeichnen" und
„Aufzeichnung" (apographä) übersetzt werden, haben zwar den allgemeinen Sinn von
„registrieren" und „Registrierung". Im spe-
zielleren Sinn geben sie aber den lateinischen
Fachausdruck „census" wieder und bezeichnen
sie die Zensusaktion als ganze. Auch Lukas
meint zweifellos die ganze Aktion, wenn er hier
von „der ersten Aufschreibung" spricht. Der
Versuch, Lukas von der Registrierung als
einem ersten Akt sprechen zu lassen, kann sich
auch nicht auf den Fall Gallien berufen. Wenn
die Durchführung des Zensus hier bis zu 40
Jahre dauerte, so nicht einer zeitlichen Distanz
zwischen „Registrierung" und „Steuerveranlagung" zuliebe, sondern wegen des Wider-
standes lokaler Führer. Von einem in den
Tagen des Herodes einsetzenden und fort-
dauernden Widerspruch weiß Josephus aber
nicht zu berichten.

Das griechische Partizip, das durchweg mit
„Statthalter" übersetzt wird, kann an sich auch
allgemein einen Inhaber gebietender und herr-
schender Amtsgewalt bezeichnen. Abgesehen

davon, daß eine Stellung des Quirinius als „Orientchef" entschieden mehr vermutet, als belegbar ist, spricht eben auch Lukas nicht von der leitenden Stellung des Quirinius im Osten, sondern in „Syrien", was eindeutig auf die Stellung des Provinzgouverneurs weist, die Quirinius zwar nicht unter Herodes dem Großen, wohl aber zur Zeit des Zensus von 6/7 n. Chr. innehatte. Die gutgemeinte Zweckkonstruktion vom Orientchef scheitert indes in erster Linie an folgenden Momenten. Da Josephus die Herodeszeit ausführlich behandelt, hätte er schwerlich eine vorweg zum Zweck der Steuerveranlagung erfolgte Registrierung unter Herodes völlig ignoriert. Vor allem aber: Wäre der von Josephus erwähnte Zensus des Jahres 6/7 n. Chr. der Schlußakt eines noch vor dem Tode Herodes d. Gr. begonnenen römischen Zensus gewesen, hätte sich auch der Schlußakt auf das ganze ehemalige Herrschaftsgebiet des Herodes erstrecken müssen, also nicht nur auf die Landschaften Judäa, Idumäa und Samaria, die 6 n. Chr. einem römischen Prokurator unterstellt wurden. Dazu kommt das an dritter Stelle genannte Argument, daß ein römischer Zensus in Palästina mit der staatsrechtlichen Stellung des Königs

Herodes nicht vereinbar ist. Die von Quirinius befohlene Durchführung des Zensus im Stadtstaat Apameia, auf die man sich gern beruft, bildet keine vergleichbare Entsprechung, die dieses Argument entkräften könnte. Josephus, der den in der neu errichteten Prokuratur durchgeführten römischen Zensus als etwas Erstmaliges darstellt, verdient deshalb Glauben.

In seinem Kommentar zum Lukasevangelium hat eben erst wieder J. Ernst alle nur denkbaren Möglichkeiten und Vermutungen aufgeboten, um die Historizität eines römischen Zensus in Palästina unter Herodes d. Gr. zu retten. Auch er sieht sich am Ende zum Eingeständnis genötigt, daß sein Versuch, der „nur als ‚Anfrage' verstanden werden will, noch nicht alle Zweifel ausräumt, geschweige denn in der Lage wäre, die Kritik gar zum Verstummen zu bringen". Ein in früheren Dokumenten begegnendes Geschehen kann natürlich auch dann sehr wohl historisch sein, wenn sich seine näheren Umstände nicht mehr klären lassen. Die Frage ist nur, ob man bei der lukanischen Zensusangabe guten Gewissens mit diesem Fall rechnen kann. Es sind eben doch beträchtliche positive Gründe, aus denen seit längerem fast allgemein darauf verzichtet wird, unsere Verse als historischen Beleg dafür zu beanspruchen, daß eine römische Zensusverordnung Betlehem als Geburtsort Jesu veranlaßte.

Wozu und woher das Zensusmotiv?

Wie kommt das Zensusmotiv aber dann in das Weihnachtsevangelium? Mit entsprechender Einschränkung gilt Lukas als der „Historiker" unter den Synoptikern. Da er als Wohnsitz Josefs und Marias Nazaret voraussetzt, als Geburtsort Jesu – wie ja auch in der Offenbarungserzählung (8–20) – aber Betlehem, konnte er mittels des Zensusmotivs den Szenenwechsel von Nazaret nach Betlehem begründen. Die Aussage über den Aufbruch Josefs nach Betlehem ist im übrigen sichtlich ganz auf die heilsgeschichtliche Qualifikation von Person und Ort und damit auf die Geburt des messianischen Davidssprosses in Betlehem als der Stadt Davids ausgerichtet: Nur als Davidsnachkomme kann Josef die davidische Erbfolge vermitteln. Daß andererseits auch Maria zur Registrierung in die Stadt Davids mitgehen muß, versteht sich schon deshalb von selbst, weil nur sie einen Sohn, dem das biblische Privileg des „Erstgeborenen" zukommt, gebären kann. Umso bezeichnender ist, daß die Erzählung am Vollzug der Registrierung der beiden nicht im geringsten interessiert ist, obwohl diese als einziger Grund für die Betlehemreise genannt wurde. Auch nicht andeutend wird gesagt, Josef und Maria hätten sich vor oder nach der Niederkunft beim Zensor gemeldet. Hieß es eben noch von Josef: „um sich registrieren zu lassen mit Maria, seiner Frau [Verlobten], die schwanger war" (V 5), ist auch schon von der Beendigung der Schwangerschaft (V 6) und von der Geburt und der ungewöhnlichen Unterbringung des Kindes (V 7) die Rede.

Das Interesse an der Zensusnotiz erschöpft sich indes nicht in der Absicht, Josef und Maria nach Betlehem zu bringen. Dazu hätte eine unter Quirinius als Statthalter von Syrien erfolgende Registrierung schon vollauf genügt. Warum wird dieser provinziale Zensus darüber hinaus als Durchführung des ersten Reichszensus dargestellt? In beliebter übertreibender Redeweise, für die das Römische Reich mit dem ganzen Erdkreis zusammenfällt, ist ausdrücklich von dem Erlaß des Kaisers Augustus die Rede, „die ganze bewohnte (Erde)" zu schätzen. In dieser Zuordnung der Geburt Jesu zu einer dem ganzen Erdkreis geltenden Machttat des damaligen Weltherrschers liegt sogar die eigentliche Sinnspitze der Verwendung des Zensusmotivs. Und darin verrät sich ein typisches Anliegen des für die ganze hellenistische Welt schreibenden Verfassers des Lukasevangeliums und der Apostelgeschichte. Das zeigt u. a. schon ein Vergleich mit dem von ihm als Vorlage benutzten Markusevangelium. Nur Lukas und zweifellos erst er stellt an dem Punkt, an dem er, nach der ihm eigenen Geburts- und Kindheitserzählung der Kapitel 1 und 2, die Markusvorlage aufnimmt, dem Auftreten des Täufers den bekannten sechsgliedrigen Synchronismus voraus: „Es war im fünfzehnten Jahr der Regierung des Kaisers Tiberius; Pontius Pilatus war Statthalter von Judäa, Herodes [nämlich Herodes Antipas] Tetrarch von Galiläa..." (3,1–2). Im Rahmen des synoptischen, somit des eigentlichen Evangelienstoffes ist diese zeitliche Fixierung völlig singulär. Durch diese will Lukas die weltweite Bedeutung des mit dem Auftreten des Täufers verbundenen öffentlichen Wirkens Jesu betonen. Höchstwahrscheinlich hat der Evangelist bei der Abfassung seiner Schrift nach dem Vorwort (1,1–3) sogar mit diesem Synchronismus eingesetzt und hat er erst nach der Niederschrift des eigentlichen Evangeliums diesem seine Geburts- und Kindheitsgeschichte (1,5–2,52) vorangestellt.

Suchte er dabei nach einer früheren Gelegenheit, die universale Geltung des Christentums zu unterstreichen, konnte sich ihm dazu sehr wohl Jesu Eintritt in die Welt angeboten haben; erst recht dann, wenn er die 2,8–20 vorliegende Erzählung von der himmlischen Proklamation der Messiasgeburt in Betlehem höchstwahrscheinlich schon in der Überlieferung vorfand. Das Zusammentreffen der historisch nicht verifizierbaren Zensusangaben mit dem spezifisch lukanischen Anliegen, die welt- und menschheitsgeschichtliche Bedeutung der Geburt Jesu zum Ausdruck zu bringen, wird deshalb wohl zu Recht fast allgemein als ausschließlich lukanische Redaktion beurteilt. Anstatt zu behaupten, Lukas habe den historischen Befund unscharf wiedergegeben, wird deshalb richtiger zu sagen sein: der rund 80 Jahre nach der Geburt Jesu schreibende Evangelist arbeitete mit histori-

schen Daten, von denen er nur mangelhafte
Kenntnis hatte. So, was den Zeitpunkt und die
räumliche Ausdehnung der 6/7 n. Chr. unter
der syrischen Statthalterschaft des Quirinius
erfolgten Registrierung angeht, die er auch Apg
5,37 erwähnt. Ebensowenig muß er sich der
Unvereinbarkeit eines römischen Zensus mit
der Stellung des Herodes bewußt gewesen sein.
Er mußte auch nicht gewußt haben, daß es
einen einheitlichen, Italien und alle Provinzen
gleichzeitig erfassenden Zensus unter Augustus
nicht gegeben hat. Das durchaus erschwing-
liche Wissen, daß sich die im Vierzehn-
Jahresrhythmus durchzuführende Steuerveranlagung auch in den kaiserlichen Provinzen
durchgesetzt hatte, konnte Lukas durchaus
dazu berechtigen, den Kaiser Augustus einen
ersten universalen Reichszensus verordnen zu
lassen. Möglicherweise wurde er zu dieser Kon-
zeption auch durch die Verordnung einer universalen Schätzung in den Jahren 74/75 n. Chr.
mitinspiriert. Gerade die mangelhafte Kenntnis
der Geschichte der römischen Zensuspraktiken
und der konkreten Zensusgeschichte Palästinas
wird es dem Evangelisten erlaubt haben, die
Geburt Jesu mit einem römischen, und zwar
weltumspannenden Zensus zu verknüpfen.

Woher die Kurzerzählung der Geburt Jesu in Betlehem (V 6–7)?

Hat erst Lukas das Zensusmotiv eingeführt, stellt sich mit allem Nachdruck die Frage, woher dann die Hauptsache unserer Perikope stammt. Und das ist die in den Versen 6–7 folgende Kurzerzählung von der Geburt des Kindes in Betlehem und vor allem die Erzählung von der himmlischen Offenbarung der Geburt des Messias (8–20). In seinem eben erschienenen großen Band über die Geburts- und Kindheitserzählungen vertritt der amerikanische katholische Exeget Raymond E. Brown die Auffassung, die ganze Perikope (1–20) sei aufgrund urchristlich schon geläufiger christologischer Motive wie besonders des Motivs der Betlehemgeburt des Messias, das ja auch der von unserer Perikope unabhängigen Christuserzählung von Mt 2 zugrundeliegt, erst von Lukas selbst geschaffen worden. Er kann sich für die Hypothese u. a. auf eine beträchtliche Zahl lukanischer Sprach- und Stileigentümlichkeiten berufen.

Nach wie vor ist es aber auch möglich und m. E. sogar wahrscheinlicher, daß Lukas die Offenbarungserzählung (8–20) dem wesentlichen

Inhalt nach schon vorfand, sie redigierte und ihr ganz aus seiner Feder die Verse 1—7 als Vorspann hinzufügte. Eine isoliert überlieferte vorlukanische Offenbarungserzählung könnte sehr wohl mit Vers 8, also etwa mit den Worten eingesetzt haben: „In der Gegend von Betlehem waren Hirten im Freien und hielten Nachtwache bei ihren Herden." Eine ursprünglichere Einleitung zu dieser Offenbarungserzählung als die in den Versen 1—7 gebotene wird andererseits nicht faßbar, wie H. Schürmann gut erkannte. Dann bleibt als einzig sinnvolle Möglichkeit nur die Annahme, daß die kurze Erzählung von der Geburt Jesu in Betlehem (6—7) von dem gleichen Autor stammt, der das Zensusmotiv konzipierte, also vom Evangelisten selbst. Da dieser die Zensusaktion überhaupt nur im Hinblick auf die Geburt des Messias in Betlehem inszenierte, die in der Vorlage (8—20) ja als erfolgt verkündet wird, war es von dieser Blickrichtung her nur folgerichtig, schon an dieser Stelle das Ereignis der Geburt des Kindes zu erwähnen und damit den Anschluß der Offenbarungserzählung bestens vorzubereiten. Vom erzählerischen Standpunkt ist in der Tat kaum zu erwarten, daß der Evangelist etwa nach Vers 5 („... um

sich registrieren zu lassen mit Maria, seiner
Frau, die schwanger war") unmittelbar zu der
bei den nachtwachehaltenden Hirten einsetzenden Offenbarungserzählung 8—20 übergeht.
Auch die lakonische Kürze und Nüchternheit
der Geburtsnotiz (6—7), die viele Ausleger
unnötig betroffen macht, würde in diesem Fall
voll verständlich.

Die sachlichen Voraussetzungen für diesen
redaktionellen Vorgang waren ohne weiteres
gegeben. Zur Formulierung der mit dem
Zensusmotiv verbundenen Kurzerzählung von
der Geburt Jesu hat es einer anderen Überlieferung als der Offenbarungserzählung (8—20) und
des schon in 1,26—38 enthaltenen Moments des
„Erstgeborenen" nicht bedurft. Das einzige
Detail, das über die Offenbarungserzählung
hinausgeht, ist das abschließende Sätzchen, das
erklärt, warum Maria ihren Sohn in eine Krippe
legte (V 7). Der „Historiker" Lukas empfand
vermutlich vor allem im Gedanken an zivilisier-
tere Verhältnisse in den hellenistischen Städten
das Bedürfnis, einen Grund für die ungewöhnliche Liegestatt des Neugeborenen zu nennen.
Dabei versagte er es sich freilich, das entscheidende Moment der Engelbotschaft, nämlich
den Zeichencharakter der Krippe, schon vor-

wegzunehmen. Denn er beläßt es bei einer rein rationalen Erklärung der Bettung des Säuglings.

Diese Erklärung verdient nur deshalb unsere Beachtung, weil an ihr die geläufige Vorstellung von „der Herberge" haftet. Die herkömmliche Übersetzung „weil in der Herberge kein Platz für sie war" ist verständlicherweise vom Zensusmotiv inspiriert. Sie geht von der Vorstellung aus, daß die Zensusaktion zahlreiche Fremde nach Betlehem als Meldeort führte und der Chan (= die Herberge) des kleinen Ortes überfüllt war und Maria und Josef deshalb außerhalb der Herberge in einem Stall unterkommen mußten. Ob der von Lukas gebrauchte griechische Ausdruck (katalyma) zu Recht mit „Herberge" zu übersetzen ist, bleibt indes zumindest unsicher. Dieser Ausdruck kann im hellenistischen Griechisch jede „Unterkunft" bezeichnen, nicht nur „den Ausspann", „die Herberge", sondern auch ein Privathaus, in dessen einem Großraum, wie schon erwähnt, sehr wohl auch ein Futtertrog stehen konnte. Statt des eindeutigen, auch ihm (Lk 10,34) sehr wohl bekannten Wortes für „Herberge" (pandocheion) hat Lukas an unserer Stelle möglicherweise bewußt den allgemeinen

Ausdruck „Unterkunft" verwendet, um sich bezüglich des Standortes der Krippe, über den sich ja auch die vorgegebene Offenbarungserzählung ausschwieg, nicht festzulegen. Da er jedenfalls nicht ausdrücklich von „der Herberge" spricht, ist der archäologische Streit, ob das kleine Betlehem überhaupt eine Herberge hatte, auch von daher belanglos. Im übrigen will Lukas mit dem Sätzchen „weil ihnen in der Unterkunft kein Platz war" sicher nicht sagen: weil sie in der Unterkunft keinen passenden Raum oder Platz für die bevorstehende Niederkunft hatten. Er hat nur die Unterbringung des Neugeborenen im Auge und will deshalb lediglich sagen: weil sie in der Unterkunft als Liegestatt des Kindes keinen anderen Platz als den Futtertrog fanden.

Bei der hier befürworteten Hypothese, nur der Erzählvorspann 1—7 sei als Ganzes von Lukas gebildet worden, läßt sich die knappe Notiz über die Geburt Jesu in Betlehem freilich auch nicht als eigenständige Bezeugung der Betlehemgeburt vereinnahmen. Sie ist in diesem Fall ja ganz der vom Evangelisten übernommenen Offenbarungserzählung 8—20 verdankt.

3. DAS HERZSTÜCK DES
WEIHNACHTSEVANGELIUMS

Die Streitfrage, ob Lukas die ganze Erzählung (1–20) oder nur den erzählerischen Auftakt der Verse 1–7 entworfen habe, ist freilich von untergeordnetem Belang gegenüber der formgeschichtlichen Beurteilung der Offenbarungserzählung (8–20), die das eigentliche Herzstück des Ganzen bildet. Befürworter der einen wie der anderen Möglichkeit stimmen darin überein, daß dieses nicht als Erlebnisbericht, sondern als „homologetische" Erzählung, als Ausdruck des urchristlichen Messias-(= Christus-) bekenntnisses verstanden werden will. Diese fast allgemein vertretene Auffassung muß als die bestbegründete Hypothese, ja als das geradezu sichere Ergebnis der heutigen Forschung anerkannt werden. Das gilt auch für den nicht wahrscheinlich zu machenden Fall, daß Betlehem der historische Geburtsort Jesu war.

Ein Kleinod einer Christuserzählung

Lesen wir das Kernstück von der himmlischen Offenbarung der Messiasgeburt als nachösterliche Christuserzählung, finden alle oben erwähnten befremdenden Züge eine zwanglose Erklärung. So die Selbstverständlichkeit, mit der die Engelerscheinungen nach dem Schema vom Auftreten himmlischer Wesen (Furcht – Beruhigung – himmlische Botschaft) abrollen und samt den Engelbotschaften von den Hirten fraglos aufgenommen werden, ohne daß sich beispielsweise die Frage stellt, wie die Hirten die sie umstrahlende „Herrlichkeit Gottes" als solche, als den von der Erscheinung Jahwes ausstrahlenden Machtglanz erkannten. Als charakteristische Erscheinungsform, in der Jahwe sich offenbart, weist dieser Machtglanz auf den theophanieartigen Charakter des vom Engel des Herrn verkündeten Ereignisses hin. Da nachösterliche Leser und Hörer die eigentlichen Adressaten der himmlischen Eröffnung sind, hätte sie über den Messiastitel hinaus auch schon „der Herr" und „der Retter" als christologische Würdenamen verwenden können. Die Schwierigkeit, daß sich das Wunder der vorgreifenden himmlischen Offenbarung der Geburt des Messias an Repräsentanten der jüdischen Öffentlichkeit nicht sinnvoll in die faktische Ökonomie der Christusoffenbarung einordnen läßt, entfällt, weil unsere Erzählung ja nicht ein konkretes Offenbarungserlebnis von nachtwachehaltenden Hirten berichten will. Deshalb kann sie diese auch „die Stadt Davids" diskussionslos als Bezeichnung Betlehems verstehen lassen, und braucht sich weder für die Hirten noch für den Erzähler die Frage nach dem Wo der Krippe und dem Wie ihrer Auffindung zu stellen. Eine Christuserzählung kann die Hirten nicht nur etwa „die Eltern", sondern „Maria und Josef" finden lassen, ohne die oben angedeutete Problematik empfinden zu müssen. Weil die Inszenierung der himmlischen Offenbarung der Geburt des Messias ein bestätigendes Erkennungszeichen fordert, erübrigt sich jede Begründung, warum das Kind in einem Futtertrog liegt, und löst der Anblick des Krippenkindes als einzige unmittelbare Reaktion der Offenbarungsempfänger folgerichtig aus, was im Vers 17 zu lesen steht: „... sie teilten mit, was ihnen über dieses Kind gesagt worden war". Darüber, wer und woher die „alle es Hörenden" sind, die unvermittelt als mitanwesend vorausgesetzt werden, muß sich der Erzähler keine Gedanken machen, da es nur auf die Ermöglichung einer positiven Reaktion auf das Wunder der Offenbarung der Messiasgeburt ankommt. Wenn unsere Erzählung zugleich den historisch unwahrschein-

lichen Zug in Kauf nimmt, daß selbst die
unmittelbaren Offenbarungsempfänger die
große Neuigkeit nicht weitererzählen, scheint
sie insofern selbst dem faktischen Gang der
Christusoffenbarung Rechnung zu tragen und
damit abschließend zu verstehen zu geben, daß
sie nicht als Bericht von einem der Geburt
Jesu nachfolgenden Offenbarungsgeschehen,
sondern als Bekenntniserzählung verstanden
werden will.

Eine schrifttheologische Reflexion urchristlicher Verkündigung

Versuchen wir in Kürze der Entstehung dieser
Perle einer Christuserzählung nachzuspüren.
Die grundlegende Voraussetzung war gegeben
mit dem Anspruch Jesu, der abschließende
Offenbarer und Mittler des von der Schrift
verheißenen Heils zu sein. Ohne diesen Sendungsanspruch Jesu hätte die Ostererfahrung
seine Jünger nicht zu dem unerschütterlichen
Glauben geführt, daß Gott den Gekreuzigten
aus dem Tod auferweckt und zu sich erhöht
hat, um durch ihn das Heil der offen-
baren Gottesherrschaft anbrechen zu las-

sen. Selbst dann, wenn der Vorsitzende des jüdischen Gerichts Jesus die Frage „Bist du der Messias?" nicht gestellt hätte, wurde Jesus sicher als Messiasprätendent verurteilt und hingerichtet, was in jüdischen Augen bedeutete, daß Jesus und sein Wirken mit dem Kommen des Heils nichts zu tun haben kann. Schon diese Erledigung Jesu als angeblicher Messias war Grund genug, daß der Messiastitel in positivem Sinne aufgenommen und besonders auch für den hingerichteten, aber von Gott auferweckten Jesus beansprucht wurde. So konnte am nachdrücklichsten zum Ausdruck gebracht werden, daß das verheißene endzeitliche Heil nur durch diesen Jesus kommen wird und ein anderer Heilbringer nicht zu erwarten ist. Da auch die Verheißungen der Schrift vom großen Davidssproß nur diesem Messias (= Christus) Jesus gelten konnten, erhielt Jesus in judenchristlichen Gemeinden schon bald auch den Titel „der Sohn Davids", der seit dem 1. vorchristlichen Jahrhundert als Bezeichnung des erwarteten messianischen Königs belegt ist.

Einen Schritt weiter ging eine judenchristliche Bekenntnisformel, die Paulus an einer Stelle seiner Briefe übernahm (Röm 1,3f). In ihrer ältesten Fassung lautete sie wohl: „(Jesus

Christus) geworden aus dem Geschlecht Davids, bestellt zum Sohne Gottes aus der Auferstehung der Toten". Dieser Bekenntnisformel liegt vor allem die Natanweissagung 2 Sam 7,12–14 zugrunde. Der Prophet Natan verhieß David: „Wenn deine Tage abgelaufen sind und du bei deinen Vätern ruhst, dann werde ich deinen Nachkommen, der von dir stammt, als deinen Nachfolger einsetzen und seiner Herrschaft Bestand verleihen. Er wird für mich ein Haus bauen, und ich werde dem Thron seiner Herrschaft ewigen Bestand verleihen. Ich will für ihn Vater sein, und er wird für mich Sohn sein...". In der Erhöhung des auferweckten Jesus zu messianischer Machtstellung ist jener Bekenntnisformel zufolge die Zusage der theokratischen Sohnschaft in Erfüllung gegangen. Weil diese Zusage Gottes einzig dem messianischen Davidssproß gegeben ist, wird der durch die Erhöhung aus dem Tod als „Sohn Gottes" eingesetzte Jesus zuvor konsequent als Nachkomme Davids qualifiziert. Wie dem wohl älteren Davidssohn-Titel liegt selbst dieser ausdrücklichen Beanspruchung davidischer Abstammung so gut wie sicher nicht an der Nachweisbarkeit der blutsmäßigen Herkunft Jesu aus einer davidischen Geschlechterfolge, sondern an dem Bekenntnis, daß Jesus und kein anderer der verheißene Heilbringer ist.

Die Schrift bot aber noch weitere Texte über den messianischen Davidsnachkommen. So besingt sie die Geburt eines „Kindes" und die wunderbare Art seiner Königsherrschaft, zu der dieser „Sohn" von Geburt an berufen ist, als schon eingetretenes Ereignis: „Denn uns wurde ein Kind geboren, ein Sohn wurde uns geschenkt. Die Herrschaft liegt auf seiner Schulter, und man nennt ihn ‚Wunderbarer Ratgeber, starker Gott, Vater in Ewigkeit und Friedensfürst'. Seine Herrschaft ist groß und der Friede hat kein Ende..." (Jes 9,5f). Ferner verhieß die Schrift die Herkunft des erwarteten Herrschers aus Betlehem: „Aber du, Betlehem – Efrata, so klein unter den Gauen Judas, aus dir wird einer hervorgehen, der über Israel herrschen soll" (Micha 5,1). Möglicherweise hatte schließlich schon ältere rabbinische Schriftauslegung „den schützenden Turm für die Herde", von dem das messianische Königtum ausgehen wird (Micha 4,8ff), statt mit Jerusalem mit dem nahegelegenen Betlehem verbunden.

Im judenchristlichen Bereich konnte die Besinnung auf Weissagungen vom messianischen Davidsnachkommen früher oder später auch durch eine apologetische Rücksichtnahme mitangeregt worden sein. Es existierte zwar auch die jüdische Erwartung eines verborgenen Messias, der Israel plötzlich offenbart wird, ohne daß man um seine Herkunft weiß. Ein hoch angesehener Vertreter der pharisäischen Erwartung des davidisch-königlichen Messias wie Rabbi Aqiba begrüßte den Freiheitskämpfer Bar Kochba (+ 135 n. Chr.) als „den Sohn Davids", als den Messias, obwohl von davidischer Abstammung nicht die Rede sein konnte. Trotzdem scheint das Bekenntnis des aus Nazaret stammenden Jesus als „des Messias" und „des Sohnes Davids" den vor allem pharisäischen Einwand provoziert zu haben, Jesus könne nicht der Messias sein, da die Schrift sowohl die Abstammung von David als auch die Herkunft aus dem Davidsort Betlehem fordere. Diesen gewiß schon älteren Einwand läßt das Johannesevangelium zu Wort kommen: „Kommt denn der Messias aus Galiläa? Hat die Schrift nicht gesagt: Der Messias kommt aus dem Geschlecht Davids und aus dem Dorf Betlehem, wo David lebte?" (7,41f). Aus der in der Überlieferung von Anfang an fest verwurzelten Herkunft Jesu aus Nazaret ließ sich jedenfalls kein Kapital für den neuen Glauben schlagen. Im ganzen Alten Testament wird Nazaret nicht einmal genannt. Wollte die Verkündigung im Anschluß an die Heils-prophetie das Bekenntnis zur Messianität Jesu mit seiner Geburt verbinden, kam nur Betle-hem als prophetisch vorgesehener Geburtsort in Betracht, obwohl Micha 5,1 nicht ausdrück-lich von der „Geburt" des künftigen Herr-schers in Betlehem sprach.

Die erwähnte Michaprophetie (5,1), die auch die Geburtsverkündigung des Weihnachts-evangeliums (V 7) mitgeprägt hat, wird, mit ergänzenden Zitatelementen aus 2 Sam 5,2 vermischt, in der ebenfalls judenchristlichen Christuserzählung Mt 2 sogar förmlich zitiert. Diese Erzählung will unter Verwendung der haggadisch ausgeschmückten Überlieferung von Pharao und Mose Jesus als den neuen Mose, als den endzeitlichen messianischen Befreier verkünden. Zugleich will sie auf die gegensätzliche Aufnahme der Christusbot-schaft durch Israel und die Heiden voraus-weisen. Deshalb läßt sie, wohl in Erinnerung an die Bileamweissagung von dem in Jakob aufgehenden Stern, orientalische Sternkundige mit der Nachricht von der Geburt des Königs der Juden in Jerusalem erscheinen, woraufhin der König Herodes „alle" Schriftexperten des Volkes nach dem Geburtsort des Messias befragen läßt und von diesen auf Micha 5,1 verwiesen wird. Die heidnische Beobachtung eines neuaufgehenden Sterns war nicht das einzige, nicht einmal das nächstliegende Mittel, um die Geburt Jesu als die Geburt des Messias zu verkünden. Als echt biblische Möglichkeit für die vorgreifende Verkündigung der Messiasgeburt bot sich „der Engel des Herrn" an. Das umsomehr, als die Schrift ja das traditionelle Schema göttlicher Verheißung der Geburt und Sendung großer Gottesmänner bereit hatte, das in anderen Szenen der lukanischen und mattäischen Vorgeschichte ja auch direkt zur Verwendung kommt. Und natürlich kamen als unmittelbare Empfänger einer Engelbotschaft nur Israeliten in Betracht. Aus mehr als einem Grund empfahlen sich als solche namenlose Hirten. Zum Milieu des betlehemitischen Schafhirten David wie zum messianischen Herdenturm paßt keine andere Volksgruppe so gut wie Hirten. Mit Hirten, zu deren Welt ja auch der Futtertrog (vgl. Jes 1,3) gehört, ließ sich vor allem das Motiv der nächtlichen Wache auf freiem Feld verbinden. Dieses ist für die

Engelerscheinung und Engelbotschaft schon
deshalb geeigneter als Betlehem selbst, weil aus
verständlichen Gründen ein allzu publikes
Geschehen offensichtlich vermieden werden
soll. Ungleich besser als der Tag ließ sodann die
Nachtzeit mit dem Auftreten des Engels des
Herrn den theophanen Zug einer überwältigen-
den Lichterscheinung verbinden. Da nacht-
wachehaltende Hirten ordnungsgemäß wieder
zu ihren Herden zurückkehren müssen, ermöglichte das Hirtenmotiv nicht zuletzt, die Vorstellung einer damaligen Publizierung der
Offenbarung der erfolgten Messiasgeburt zu
vermeiden und damit zu einem optimalen
Abschluß der Offenbarungserzählung zu kommen. Wie stark unsere Christuserzählung bis in
Einzelheiten hinein von Schriftmotiven geprägt ist, wird uns auch der meditative Durch-
gang wahrnehmen lassen.

Ein unüberwindliches Ärgernis?

Ist aber der Gedanke, daß erst eine durch die
spätere Christusoffenbarung ausgelöste Besinnung auf die prophetische Schrift die Konzep-
tion unserer Christuserzählung ermöglichte,

daß somit in Wirklichkeit die Geburt des
Messias nachtwachehaltenden Hirten nicht
geoffenbart worden ist, nicht einfach uner-
träglich? So sonderbar es klingen mag, ist dem
an erster Stelle die Ökonomie der Christusoffenbarung selbst entgegenzuhalten, die deshalb nochmals in Erinnerung gebracht sei. Weil
der Christusglaube auf dem offenbarenden
Wirken Jesu und dem das Kreuzessterben Jesu
beantwortenden und krönenden Ostergesche-
hen gründet, nicht aber auf der vorgängigen
angelischen Proklamation der in Betlehem
erfolgten Geburt des Messias oder auch nur auf
dem signifikanten Umstand der Geburt in
Betlehem, darf es uns nicht wundernehmen,
daß diese beiden Momente dem gesamten
außerevangelischen Glaubenszeugnis des
Neuen Testaments unbekannt sind, daß sie
zusammen überhaupt nur in der lukanischen
Geburtserzählung begegnen und von der Betlehemgeburt im besonderen nur noch in der
haggadisch inspirierten Christuserzählung Mt 2
die Rede ist. Der Umstand, daß die beiden
Momente nur in zwei – freilich sehr unterschiedlichen – Geburtserzählungen judenchristlicher Herkunft vorkommen, weist eben
bereits auf ein spezielles Interesse judenchrist-

licher Reflexion und Verkündigung hin, die schon im Hinblick auf die Geburt Jesu den Gedanken der Erfüllung der Heilsprophetie zur Geltung bringen wollte. Die Aussage von der Betlehemgeburt des Messias wie deren angelische Verkündigung stammen nicht aus der gleichen Überlieferungstätigkeit der Urkirche wie die mit dem Auftreten des Täufers und dem öffentlichen Wirken Jesu einsetzenden Evangelienstoffe, weshalb das älteste (Mk) wie das wohl jüngste Evangelium (Joh) nicht nur auf jede Geburtserzählung, sondern überhaupt auf eine Vorgeschichte verzichten können. Oder denken wir im besonderen an den ehemaligen pharisäischen Schriftgelehrten Paulus. Nicht ein einziges Mal gebraucht er auch nur den Davidssohn-Titel und, von der einmaligen Verwendung der judenchristlichen Bekenntnisformel Röm 1,3f abgesehen, hebt er nie auf die davidische Abstammung Jesu ab, obwohl auch ihm wahrhaftig daran liegt, das Christusgeschehen als Erfüllung – freilich als überhöhende Erfüllung der Heilsprophetie zu verstehen.

Dieser Tatbestand müßte nur für den zu einem unüberwindlichen Ärgernis werden, der selbst bestimmen zu können meint, welchen Verlauf die Christusoffenbarung nehmen mußte, und dem darüber hinaus die nötige Vorstellung von möglichen Zielsetzungen der Erzählform in der altbiblischen Überlieferung und deshalb auch im Neuen Testament abgeht. Die vielfältigen Erzählstoffe der Bibel lassen sich bei weitem nicht gleichmäßig mit der Kategorie des historischen Berichts fassen. Selbst dort, wo ein konkreter Hergang im Hintergrund steht, kommt es dem Erzähler, wie der antiken Geschichtsschreibung überhaupt, nicht in erster Linie auf den exakten Verlauf, sondern auf die Sinnrichtung und Bedeutung einer Begebenheit an. Deshalb hat auch die dogmatische Konstitution über die göttliche Offenbarung des Zweiten Vatikanischen Konzils die katholischen Exegeten ausdrücklich dazu aufgefordert, die biblischen Texte auf ihre Aussageabsicht hin zu befragen und zu diesem Zweck zuerst die literarische Gattung eines Textes richtig zu bestimmen. Nicht ohne Grund spricht das Konzil in diesem Zusammenhang ausdrücklich von Texten, „die in verschiedenem Sinne historisch sind" (Nr. 12).

Die weitaus meisten Erzähltexte des eigentlich synoptischen Stoffes sind ihrem Wesen nach, trotz der bald mehr bald weniger damit verbundenen ausdeutenden Züge, auf Ohren-

und Augenzeugen des Wirkens Jesu zurück-
gehende Berichte. Nichts wäre aber falscher als
zu meinen, eine Erzählung müßte in jedem Fall
ein sinnenhaft wahrgenommenes Geschehen
meinen, also Berichtscharakter haben. Was den
historischen Kern oder die historischen Elemente betrifft, kann die Wirklichkeitsdichte
sehr verschieden sein. Die Wahrheit einer
Erzählung ist nicht schon in jedem Fall
gleichbedeutend mit dem geschilderten Vorgang. Dieser ist möglicherweise nur das Mittel,
um die zu verkündende Wahrheit in einer dem
biblischen Denk- und Sprachhorizont gemäßen
Weise zum Ausdruck zu bringen. Und das gilt
eben von einer Christuserzählung wie der
unsrigen. Diese zählte, um es pointiert zu
sagen, in der ersten und zweiten christlichen
Generation nicht zu den Stoffen der Jesusüber-
lieferung, die sozusagen in der ganzen Kirche,
auch in vorwiegend heidenchristlichen Gemeinden bekannt waren und in erster Linie zur
Begründung des christlichen Glaubens und
Lebens dienten. Das bedeutet aber nicht, daß
sie mit einem Geheimwissen oder einer Sonder-
lehre zu tun hat oder gar als Personallegende
abqualifiziert werden könnte. Denn was sie
verkünden will, ist ganz und gar gemeinchrist-

liches Glaubensbekenntnis, die Grundwahrheit des durch und an Jesus erfolgten Offenbarungsgeschehens.

Solange wir bei unserer Perikope von der intentionswidrigen Vorstellung eines Erlebnisberichtes ausgehen, mögen wir enttäuscht sein, weil uns der Erzähler auch auf durchaus berechtigte Fragen eine Auskunft versagt. Erst wenn wir alle unangebrachten Fragen und Schwierigkeiten hinter uns lassen, vermögen wir unsere Christuserzählung ungeteilten Herzens als das zu vernehmen, was sie sein will: Verkündigung der frohen Botschaft von der Geburt des Erlösers.

III
Die frohe Botschaft

Vergegenwärtigen wir uns für einen Augen-
blick den hohen Rang, den das Weihnachtsevangelium in der lukanischen Vorgeschichte
(Lk 1,5–2,52) einnimmt. Nach der Verheißung
der Geburt des prophetischen Wegbereiters
(1,5–23) und der des Sohnes des Höchsten
(1,26–38) war bereits von der Geburt des Johannes (1,57f) sowie von Vorgängen bei seiner
Beschneidung und Namengebung (1,59–80)
die Rede. Die Notiz des Verses 1,80 schloß die
Erzählung von der Kindheit des Johannes ab
und schlug mit dem Hinweis auf den Tag seines
späteren Auftretens in Israel zugleich die
Brücke zu dem mit Kapitel 3 beginnenden
Hauptteil des Evangeliums. Das jetzt folgende
Weihnachtsevangelium (2,1–20) bildet den
Höhepunkt der ganzen Vorgeschichte. Der
diese leitende Gesichtspunkt des überbietenden
Parallelismus kommt auch hier zur Geltung.
Wie die geistgewirkte Empfängnis Jesu das
geringere Wunder der Empfängnis des Jo-

hannes weit übersteigt, ist auch die Geburt Jesu
von ungleich höherer heilsgeschichtlicher
Bedeutung als die des Johannes. Im Rahmen
der lukanischen Komposition haben wir das
Weihnachtsevangelium somit als weit über-
bietendes Gegenstück zur kurzen Notiz über
die Geburt des Johannes (1,57f) zu verstehen.

Vers 1a: *„Es geschah in jenen Tagen."*

Nun tritt der in die Welt, dem der Bußtäufer
Johannes nur als unmittelbarer Wegbereiter,
deshalb freilich auch als letzter und größter der
Propheten zugeordnet werden konnte (Lk 7,27f).
Dieser heilsgeschichtliche Einschnitt erfordert
einen neuen Einsatz, der uns aufhorchen lassen
soll: „Es geschah in jenen Tagen...". Die an
alttestamentlichen Erzählstil erinnernde Einleitung lenkt unseren Blick zurück auf jenes
„Es geschah aber in den Tagen des Herodes,
des Königs von Judäa", mit dem der Evangelist zu Beginn seiner Vorgeschichte die Verheißung der Geburt des Johannes eingeleitet
hatte. Die Geburt Jesu erfolgte ebenfalls in den
Tagen des Königs Herodes. Das ist aber nicht
schon alles, was der Evangelist mit seinem

Rückverweis sagen will. Das neu ansetzende „Es geschah in jenen Tagen" dient ihm vor allem dazu, den zeitgeschichtlichen Rahmen zu erweitern und damit die weltgeschichtliche Bedeutung der Geburt Jesu anzuzeigen. Wo es um die Geburt des Weltheilandes geht, haben die Repräsentanten des damaligen Weltreiches auf den Plan zu treten: der Weltregent selbst und als einer seiner Legaten der Statthalter der Provinz Syrien. Bereits die Einleitung des Weihnachtsevangeliums darf uns daran erinnern, daß „vor" und „nach Christi Geburt" oder ein nüchternes „1977" in unserem Mund mehr sein müßte als eine rein konventionelle Zeitangabe: das bewußte Bekenntnis zu dem einen wahren Erlöser der Welt!

Vers 1b: „...daß Kaiser Augustus den Befehl erließ, den ganzen Erdkreis in Steuerlisten einzutragen..."

Eine modische Auslegung neigt natürlich dazu, gerade auch diese einleitenden Verse in eine Vorlage sozialkritischen Protestes umzufunktionieren. Dieser Kaiser Augustus ist doch der typische Repräsentant weltlicher Staatsmacht, der mit seiner weltumfassenden Steuerpolitik einen immer größeren Anteil am Sozialprodukt der Untergebenen herauspressen will, um mit einem großen stehenden Heer jederzeit an den weiträumigen Reichsgrenzen zuschlagen, um endlos Straßen bauen, einen riesigen Beamten- apparat und eine kostspielige Hofhaltung finan- zieren zu können. Diese Zensusverordnung – das Musterbeispiel einer Staatsbürokratie, die herzlos ein junges Paar in größte Ungelegenheit bringt; oder auch Josef – das obrigkeitlich stets erwünschte Beispiel eines Mannes, der – gar im bewußten Gegensatz zur jüdisch-zelotischen Widerstandspropaganda – ohne Wenn und Aber der staatlichen Verordnung nachkommt. Ein Musterfall patriarchalischer Machtstruktur, dieser schier unausrottbaren Gesellschaftsord- nung, so lassen sich andere einfallen. „Weil er aus dem Hause und Geschlecht Davids war." Typisch! Maßgebend ist sichtlich einzig der Mann, dem sich auch die Risiken einer hoch- schwangeren Ehefrau in aller Selbstverständ- lichkeit unterzuordnen haben.

Sozialkritische „Anwendungen" solcher und ähnlicher Art sind nicht nur deshalb fehl am Platz, weil uns der erwähnte Stand der Diskus- sion die Behauptung, eine römische Zensusverordnung habe Maria und Josef zum Aufbruch nach Betlehem genötigt, nicht erlaubt. Sie sind in erster Linie abzulehnen, weil sie die Intention unseres Erzählvorspanns mit Sicherheit ganz und gar verfehlen.

Eine Grundüberzeugung biblischer Weltbetrachtung

Eine „kritische" Weltbetrachtung ist dem Weihnachtsevangelium indes nicht fremd. Sie läßt sich bereits aus dem erzählerischen Auftakt der Verse 1—7 heraushören. Sie verläuft aber in einer tieferen Dimension. Kenner der heutigen Szene meinen zu beobachten, die betont materielle und materialistische Orientierung der Gesellschaftsordnung habe bereits eine bedrängende Sinn- und Zielkrise im Gefolge. Was hier von der Hinordnung der kaiserlichen Zensusaktion auf die Durchführung des göttlichen Heilsplanes gesagt wird, will uns beileibe nicht der eigenen Mitverantwortung für den Lauf der Dinge dieser Welt entheben. Es gemahnt uns aber sehr wohl an eine tröstliche Grundüberzeugung biblischen Gottesglaubens, die letztlich allein mit fester Zuversicht in die Zukunft

blicken läßt. Auch der mächtigste Regent dieser
Welt spricht mit seinen Befehlen und Aktionen
noch nicht das letzte Wort zum Sinn der
Weltgeschichte. Diese unerschütterliche Über-
zeugung biblischer Welt- und Geschichtsbe-
trachtung liegt unseren Zeilen eben auch dann
zugrunde, wenn dieselben den hier genannten
Zensus, der den befehlsgewaltigen Kaiser zum
Werkzeug Gottes werden läßt, nicht als konkretes historisches Faktum bezeugen.

Ein Beispiel
urchristlichen Selbstbewußtseins

Fast drängt sich einem das Bild von der
Schlange auf, die mit starrem Blick ihr Opfer
fixiert. Sind wir nicht versucht, wie gebannt auf
das Problem der Historizität der Steuerveran-
lagung zu blicken, als ob diese als solche eine
Glaubenswahrheit wäre? Als ob die hier ausge-
sprochene Verknüpfung der Geburt Jesu mit
einem allgemeinen Reichszensus die universale
Geltung der Erlösung – was in der Tat eine
Glaubenswahrheit ist – nicht auch dann zum
Ausdruck bringen könnte, wenn die lukanische
Idee eines ersten Reichszensus mangelhaften

Kenntnissen profanhistorischer Daten entsprungen ist.

Wir sind deshalb sicher besser beraten, wenn wir unser Augenmerk zunächst auf das Hauptanliegen richten, das Lukas zur Verwendung des Zensusmotivs bewogen hat. Statt des Evangelisten sind dann unversehens wir selbst auf den Prüfstand gerufen und auf unser stark angeschlagenes christliches Selbstbewußtsein angesprochen. Wir klagen darüber, wie sehr wir uns mit dem Rückgang christlicher Religion und Religiosität aus der Öffentlichkeit schon abgefunden haben. Was man zu hören und zu lesen bekommt, klingt bisweilen sogar so, als wäre christlicher Glaube eine hinterwäldlerische Weltanschauung, die dem wahren Wohl unserer Gesellschaft nur entgegensteht. Ein kraftloser Glaube und ein erschreckend verkümmertes missionarisches Bewußtsein kann solchem Getue freilich nicht überzeugend begegnen. Und die oft beschworene pluralistische Gesellschaft bietet durchaus nicht schon eine Situation, die eine erlahmende Christenheit wirklich entschuldigen könnte. Wie schon die Zeitenwende war auch die Zeit unseres Evangelisten mit ihrer Vielzahl von Göttern und ihren Geheimkulten, mit ihren mannigfachen

Helfergöttern des Mythos und des Herrscher-
kults, mit dem monistischen Pantheismus der
damaligen Modephilosophie durch einen kaum
überbietbaren Pluralismus von Religionen und
religiös verbrämten Staatsideologien geprägt.
Das hat eine verschwindende Minderheit, die
die Christen der zweiten Generation noch
waren, aber nicht daran gehindert, sich mit
selbstverständlicher Offenheit zur absoluten,
universalen und zukunftsträchtigen Geltung
des Christusglaubens zu bekennen. „Denn dies
[nämlich: das Christusgeschehen] ist nicht im
Winkel geschehen". So läßt unser Evangelist in
seinem Fortsetzungswerk den Apostel Paulus
mit einer griechischen Redensart („im Winkel") dem jüdischen König Agrippa zu bedenken geben, um diesen zum Christusglauben zu
bewegen (Apg 26,26). Und er beschließt seine
Werbeschrift bekanntlich nicht etwa mit dem
längst erfolgten römischen Martyrium Pauli
sondern mit einem frank und frei in die Zukunft
weisenden Satz. Der in freier Haft befindliche
Apostel „verkündigte das Reich Gottes und
lehrte über den Herrn Jesus Christus in allem
Freimut ungehindert" (28,31).

Dieser lapidare Schlußsatz ist noch mehr als
ein Appell an das heidnische Rom, die christ-

liche Mission nicht zu behindern. In triumpha-
lem Ton bezeugt er die gläubige Gewißheit,
daß die Zukunft dem wahren göttlichen Kyrios
Jesus Christus gehört. Was Lukas den Paulus
der Apostelgeschichte ausdrücklich sagen läßt,
gibt er schon zu Beginn des Weihnachtsevangeliums zu verstehen. Das Christentum ist keine
Winkelangelegenheit! Obwohl Jesus in der
Provinz, am Rande des Weltreiches geboren
wurde, gilt die Botschaft von der Geburt dieses
Kindes „dem ganzen Erdkreis". Denn in
diesem Kind ist nicht nur der Messias Israels,
sondern „der Retter" der ganzen Menschheit in
die Welt gekommen.

Der Weltherrscher als „Augustus"

Die Frage nach dem wahren „Retter" der Welt
ist jedenfalls ein wesentliches Anliegen der
lukanischen Bearbeitung der Offenbarungserzählung und damit des uns vorliegenden Evangeliums. Sie scheint bereits in der Benennung des
Kaisers anzuklingen. Im Jahre 27 v. Chr. hatte
der Senat dem ersten römischen Kaiser Octavian
den Titel „Augustus" verliehen. Er wollte ihn
damit als den Reichsgründer ehren, der die

Bürgerkriege beendete und den Erdkreis befriedet hatte. Im Jahre 13 wurde Augustus zu Ehren „der Altar des (Augusteischen) Friedens" gelobt, der am 30. Januar 9 v. Chr. geweiht wurde. Der freilich bald zum Eigennamen gewordene Ehrenname „Augustus" bedeutet „der Erhabene", „der Verehrungswürdige" (griechisch: Sebastos) und blieb im ersten Jahrhundert n. Chr. auf den regierenden Kaiser beschränkt. Die Bezeichnung Octavians als „Augustus" war der Inbegriff der propagandistischen Verherrlichung des kaiserlichen Friedensbringers (pacator orbis), der es auch durchaus zuließ, daß in den östlichen Provinzen für ihn und die Göttin Roma Tempel errichtet wurden. Unser Evangelist hat selbst die Folgezeit erlebt, in der die Städte und Landtage des griechischen Ostens, wo „Retter" (= sotär), „Heiland" seit der Diadochenzeit bevorzugter Titel für den göttlich verehrten Herrscher war, in der Förderung des Kaiserkultes einander geradezu zu überbieten suchten. Auf diesem Hintergrund gewinnt die armselige Unterbringung des neugeborenen Davidssprosses in einem Futtertrog (V 7) für unseren Evangelisten eine zusätzliche Note. Sie steht in Kontrast zur weltlichen Allgewalt des Kaisers, der seiner politischen Machttaten wegen als göttlicher Verehrung würdig gilt. Wer ist der wirkliche Weltheiland? Das ist in dieser Situation eine entscheidungsgeladene Frage, die nur von Gott her ihre vollgültige Antwort erhalten kann.

Vers 10: *„Fürchtet euch nicht. Denn siehe, ich verkündige euch eine große Freude, die dem ganzen Volke zuteil werden wird."*

Die Antwort folgt im Herzstück unserer Perikope. Und dieses ist die Offenbarungserzählung, die die Verse 8–20 umfaßt. Weil die Offenbarung des Heilbringers erst mit Jesu öffentlichem Auftreten beginnt, ergeht die vorgreifende Verkündigung der Heilsbotschaft nach gut biblischem Vorbild aus dem Mund des „Engels des Herrn". Wir haben uns ja bereits das christologische Anliegen vor Augen geführt, das den unsere Erzählung tragenden alttestamentlichen Motivkomplex (die Geburt des messianischen Herrschers – Betlehem als Herkunftsort des messianischen Davidsnachkommen – das davidische Hirtenmilieu) aufgreifen ließ, um die Geburt Jesu mittels des

Schemas der Engelerscheinung als die Geburt des Messias zu verkündigen. Wenn wir uns jetzt manche liebgewordene historisierende und psychologisierende Erklärungen von Details des Erzählgerüsts versagen, so achten wir damit nur die literarische Gattung der vorliegenden Erzählung. Bei dieser ist es nun einmal nicht sinnvoll, sich beispielsweise Gedanken über die innere Verfassung der nachtwachehaltenden Hirten zu machen oder auch ihr Erschrecken über das Wunder des zu ihnen tretenden Engels des Herrn nachempfinden zu wollen. Worauf es unserer Offenbarungserzählung einzig ankommt, ist die Verkündigung des Wunders der Geburt des Erlösers.

Die alarmierende Nachricht

„Ich bringe euch eine gute Nachricht als große Freude". So etwa ist die alarmierende Ankündigung des Engels des Herrn wörtlich wiederzugeben. Sie atmet den Geist einer Spitzenaussage alttestamentlicher Verheißung: „Wie ist der Freudenbote willkommen, der durch das Bergland eilt, der den Frieden ankündigt, der gute Nachricht bringt und die Rettung ver-

heißt, der zu Zion sagt: Dein Gott ist König!"
(Jes 52,7). Jesus selbst verstand seine Wort-und
Tatbotschaft als Erfüllung dieser deuterojesaia-
nischen Prophetie vom Freudenboten, der die
gute Nachricht von der Aufrichtung der
endzeitlichen Gottesherrschaft als Inbegriff des
Heils verkündigt. „Die frohe Botschaft (= das
Evangelium) verkündigen" bedeutete dementsprechend nach Ostern: das durch die Christusoffenbarung eröffnete Heil verkündigen. Sach-
gemäßer konnte unsere Offenbarungserzählung
die Proklamation der Messiasgeburt nicht
einleiten. Was sie im nachfolgenden „Heute"-
Satz als Grund und Inhalt „großer Freude"
eröffnen läßt, ist ja nichts anderes als eine auf
die Geburt Jesu bezogene prägnante Zusam-
menfassung des urchristlichen Evangeliums.

Ein heilsamer Schock

Die „große Freude" kann deshalb nicht nur
einigen Hirten gelten, die in ihrer „literarischen" Funktion als Offenbarungsempfänger
angesprochen werden („euch"). Sie wird „dem
ganzen Volk" zukommen. Mit diesem ist Israel,
das Bundesvolk Jahwes, gemeint. Das ent-

spricht auch ganz dem zugrundeliegenden Prophetenwort, das die gute Nachricht des Freudenboten an „Zion" überbringen läßt. Dieses Moment der speziellen Berufung Israels zum endzeitlichen Heil hat auch Lukas bewahrt, obwohl er gleichzeitig die ebenso offenbarungsgemäße Wahrheit von der universalen Geltung der Heilsbotschaft nachdrücklich unterstreicht. Über seinen weltweiten Perspektiven sollten deshalb auch wir die ausdrückliche Zuwendung der Christusbotschaft an Israel nicht überhören. Sie müßte uns allzu vergeßlichen Christen aus dem „Heidentum" einen heilsamen Schock versetzen. Wenn wir an einem Feiertag allen Grund haben, uns des Privilegs Israels als des erstberufenen Heilserben bewußt zu werden, dann gewiß an Weihnachten. Können wir das tun, ohne angesichts der erschreckenden Veräußerlichung und Entheiligung dieses Festes an uns selbst die peinliche Frage zu richten, ob wir, die Heidenchristen, uns der Heilsbotschaft dieses Tages würdig erwiesen haben?

Vers 11: *„Denn euch wurde heute der Retter geboren, welcher ist Christus, der Herr, – in Davids Stadt."*

Dieser Inhalt der guten Nachricht ist die eigentliche Mitte des ganzen Weihnachtsevangeliums. Überlieferungsgeschichtliche Einzelfragen, die die Verwendung der drei Heilbringertitel aufwerfen ließ, sind für unsere Betrachtung völlig zweitrangig. So auch die Frage, ob die vorlukanische Fassung statt des Nebeneinanders „(der) Christus, (der) Herr", das auch wegen der grammatisch bedingten doppelten Artikellosigkeit (Prädikatsnomen) ungewöhnlich wirkt, den gängigen Ausdruck „der Christus (= Gesalbte) des Herrn" geboten hat. Was hier auch aus der überlieferten Vorlage oder erst aus lukanischer Redaktion stammen mag – die uns vorliegende Evangelienschrift hat das Wort. Ihre Geburtsverkündigung kann den Neugeborenen anstandslos auch mit Prädikationen einführen, die erst im Urchristentum zu einem Messiastitel wurden („der Herr") oder jüdischerseits nur wenig begegnen („der Retter").

Es ist ein ganzes Bündel von Bezügen, die in der knapp formulierten Geburtsproklamation aufscheinen: die grundlegende Reflexion auf die prophetische Schrift, der Blick auf die überhöhende Erfüllung der Prophetie, die geschichtlich bedingte Antithese zur heidnischen Proklamation der Geburt des „Retters" und nicht zuletzt der Appell an die Hörer und Leser der Botschaft.

Die Verwurzelung in der prophetischen Schrift

Wie Jesus selbst konnte auch die ihn als Erlöser bekennende Urkirche nur aus dem Glauben an die Vollendung der im Alten Bund ergangenen Offenbarung Gottes leben. Alle fundamentalen Formulierungen des nachösterlichen Christusbekenntnisses stammen aus dem Mund von Gläubigen aus dem Judentum, die sich zu der Christen und Juden gemeinsamen Schrift bekannten. Das sachliche und zugleich apologetische Bedürfnis, mit Hilfe möglichst vieler alttestamentlicher Aspekte und Motive Jesus als den verheißenen Messias zu verkünden, können wir gar nicht hoch genug einschätzen. Auf unsere Geburtsproklamation angewandt, heißt das: Was der Engel des Herrn verkündet, wird als solches nicht dem Alten Testament, sondern der faktischen, durch und an Jesus erfolgten Offenbarung verdankt. Andererseits ist die Frage berechtigt, ob ein Judenchrist ohne das Alte Testament auch nur auf die Idee gekommen wäre, Jesus schon zum Zeitpunkt seiner Geburt als Heilbringer verkündigen zu lassen. Jedenfalls ist diese der Geschichte der Christusoffenbarung vorgreifende Verkündigung kein willkürliches Unterfangen. Denn sie wird durch Worte der alttestamentlichen Heilsprophetie legitimiert.

Mit der Betlehemprophetie Micha 5,1 und der Geburtsverkündigung Jes 9,5–6 nannten wir bereits die wichtigsten Schrifttexte, die der Engelverkündigung zugrunde liegen. Die im „prophetischen" Perfekt gesprochene jesaianische Verkündigung der Geburt des Erben des Davidsthrones („Denn uns wurde ein Kind geboren...") dürfte den unmittelbaren Anlaß gegeben haben, die Geburt Jesu als die Geburt des Heilbringers zu verkünden. Sie gab die für den Fortgang der Erzählung unentbehrliche Vorstellung eines eben oder vor kurzem geborenen „Kindes" (V 12ff) her, die dem Micha-Spruch vom Hervorgehen eines Herrschers aus Betlehem abging. Sie lieferte zwei wesentliche Strukturelemente der Geburtsproklamation selbst. Einmal das „euch wurde

geboren". Da die Geburtsverkündigung Hirten
als Repräsentanten Israels anspricht, wird das
„uns" selbstverständlich durch „euch" ersetzt.
Zu voller Wirkkraft konnte die jesaianische
Geburtsproklamation sodann dank eines zweiten, sicher ausschlaggebenden Momentes kommen. Dieselbe spricht nicht des Kindhaften
wegen von der Geburt des Kindes und des
Sohnes. Sie sieht diesen schon als Inhaber des
ihm zugedachten hohen Herrscheramts und
preist seine Herrscherqualitäten mit über-
schwenglichen Namen. In gleicher Weise liegt
auch unserer neutestamentlichen Geburtsproklamation ganz und gar an der Aussage, wer
das geborene Kind ist.

Mit den beiden genannten Prophetentexten
ist der Schriftbezug der Engelverkündigung
noch nicht erschöpft. Die fromme Phantasie
läßt Jesus gern um Mitternacht geboren sein.
Auch Bibelleser aus dem hellenistischen
Judenchristentum hätten sehr wohl auf jenen
der Liturgie bedeutsam gewordenen Satz des
Weisheitsbuches stoßen können: „Als tiefes
Schweigen alles umfing und die Nacht in der
Mitte ihres Laufes war, da sprang dein allmäch-
tiges Wort vom Himmel, vom königlichen
Thron als harter Krieger mitten in das dem

Verderben geweihte Land" (18,14f). Unser Evangelist beginnt aber nicht etwa: „Als die Nacht in der Mitte ihres Laufes war" oder „Um Mitternacht". Kaum nur deshalb, weil das vom Himmel springende allmächtige Wort Gottes als Personifikation des Strafgerichtes Gottes gemeint war. Weil unsere Offenbarungserzählung von der „Geburt" des Messias ausgeht, mochte sich als Zeitangabe ungleich mehr das „Heute" des messianisch verstandenen Inthronisationswortes von Psalm 2, das von einer – freilich bildlich gemeinten – „Zeugung" sprach, nahelegen: „Mein Sohn bist du. Heute habe ich dich gezeugt" (Ps 2,7).

Mehr als eine Zeitangabe

Seitdem dieser Spruch Jahwes auf den Messias Jesus bezogen wurde, nämlich auf die durch die Auferweckung erfolgte Einsetzung Jesu zum messianischen Throngenossen Gottes, ist das „Heute" ungleich mehr als eine Zeitangabe im alltäglichen Sinne, die zwischen „gestern" und „morgen" unterscheidet. Das „Heute" ist Ausdruck der die lange Zeit des Wartens und Hoffens beendenden Erfüllung: „Heute ist dieses Schriftwort in Erfüllung gegangen in euren Ohren" (Lk 4,21). „Heute" bedeutet Anbruch und Gegenwart der Heilszeit. „Heute", da Jesus beim Zöllner Zachäus einkehrt, ist dessen Haus „Rettung" widerfahren (Lk 19,9). „Heute" ist euch der Retter geboren, so läßt unser Evangelium mit dem gleichen griechischen Wort für „Retter", „Heilbringer" (sotär) verkünden. Die genaue Zeit, Tag und Stunde der Geburt Jesu, ob etwa vom jüdischen Zeitverständnis auszugehen ist, das den Tag mit dem Abend beginnen läßt, interessiert seine Geburtsproklamation absolut nicht. Sich darüber Gedanken zu machen, ist fast ebenso abwegig wie etwa die Frage, ob unsere Erzählung die Hirten die Engelbotschaft vor oder nach Mitternacht vernehmen läßt. Wichtig ist ihr allein die gut biblische Sprechweise von der Zeit, die im „Heute" eröffnet wird: daß nämlich die Geburt Jesu als Geburt des Heilbringers die Zeit der erfüllten Verheißung, die Heilszeit eröffnet hat und das Jetzt seitdem Heilsgegenwart ist.

Die überhöhende Erfüllung der Prophetie

Schon innerhalb des Alten Testaments wird „Verheißung" nicht einfach als adäquate Vorausdarstellung endzeitlicher Erfüllung beansprucht. Mit seinen verschiedenen Entwürfen eines zukünftigen Heilsgeschehens blieb es für die Zukunft offen. Auch die Betrachtung des Rückgriffs unserer Geburtsproklamation auf die prophetische und prophetisch gedeutete Schrift Israels läßt diesen Aspekt biblischer Heilsgeschichte aufleuchten. Das Christusgeschehen ist die überhöhende Erfüllung der Prophetie. Der sich offenbarende und aufgrund der Ostererfahrung offenbar gewordene Messias Jesus überbietet die Erwartung des davidisch-königlichen Herrschers. Der Heiland, dessen Geburt hier verkündet wird, ist für den hier sich bekennenden Glauben seit seiner Auferweckung ein in gottgleicher Wirk- und Lebensmacht existenter und präsenter Messias, dem der alttestamentliche Gottesname „der Herr" zukommt. Und dieser göttliche Herr ist eben nicht eine abstrakte Idee. Er ist und bleibt personidentisch mit dem als konkreter Mensch geborenen Jesus. Er ist der „Retter", der war, der ist und der kommen wird.

Die Antwort auf die damalige „politische Theologie"

Die Verkündigung der Geburt Jesu als der Geburt des Messias ist gewiß grundlegend von den genannten alttestamentlichen Stellen inspiriert. Mit den unüberhörbaren Anklängen an die Schrift machte sie einem ungläubig gebliebenen Israel gegenüber den Anspruch geltend, daß die Heilsprophetie nur noch im Lichte der erfolgten Heilsoffenbarung zu lesen und zu deuten ist. In der uns vorliegenden Fassung jedenfalls blickt die Geburtsproklamation sichtlich aber auch auf das Missionsfeld der großen heidnisch-hellenistischen Welt. Vor dem alttestamentlichen Hintergrund mußte schon längst auffallen, daß der Messias als „der Retter" eingeführt wird. Das Hauptgewicht liegt auf diesem Titel, der in der griechischen Übersetzung des Alten Testaments auch geläufige Bezeichnung Gottes ist, als christologischer Titel im Neuen Testament Phil 3,20 und öfters in Spätschriften begegnet, die sich stärker typisch griechischer Begrifflichkeit bedienen. Die betonte Hervorhebung des Titels „der Retter" hat, wie schon die bereits erwähnte Verherrlichung des „Augustus" vermuten ließ, vor allem die römische Staatsideologie im Auge. Nicht nur die Heilige Schrift Israels, auch das hellenistische Heidentum kannte ja die Proklamation der Geburt eines schicksalwendenden Herrschers.

Wahrscheinlich im Jahre 9 v. Chr., als in Rom der große Friedensaltar geweiht wurde, beschloß der „Landtag" der asiatischen Griechenstädte, den Jahresbeginn auf den Geburtstag des Kaisers Augustus, den 23. September, zu legen. Die entscheidenden Sätze der oft zitierten Kalenderinschrift von Priene lauten: „Wäre dieser Tag nicht gekommen, der aller Welt ein neues Aussehen gegeben hat, so wäre die Welt dem Untergang verfallen . . . . Die Vorsehung, die über allem Leben waltet, hat den Augustus [Sebaston] zum Heil der Menschen mit solchen Gaben geschmückt, daß sie ihn uns und den kommenden Geschlechtern als Retter (sotär) gesandt hat. . . . Der Geburtstag des Gottes hat für die Welt die an ihn [den Geburtstag] sich knüpfenden Freudenbotschaften [Evangelien] heraufgeführt . . .". Teile von vier Fassungen dieser Inschrift sind uns aus vier weiteren kleinasiatischen Städten erhalten. Aus etwas späterer Zeit besitzen wir auch einen verwandten Text aus Halikarnass, der Augustus unter anderem als „den väterlichen Zeus und den Retter des ganzen Menschengeschlechts" verherrlicht. Der wesentliche Inhalt dieser Landtagsbeschlüsse ist stereotyp: Im göttlichen Kaiser ist „der Retter" der ganzen Welt, der Weltheiland gekommen. Mit seinem Geburtstag beginnen für alle Welt die Freudenbotschaften. Er brachte die Wende zum Äon des ewigen Friedens.

Da diese Proklamationen den Funden zufolge in ganz Kleinasien verbreitet waren und besonders hier der regierende Kaiser als „der Verehrungswürdige" und „der Retter" kultisch gefeiert wurde, will die Engelbotschaft zweifellos auch in diese zeitgeschichtliche Situation hineinsprechen. In lapidarer Kürze stellt die christliche Geburtsverkündigung der damaligen „politischen Theologie" das Bekenntnis entgegen: Der wahre „Retter" ist nicht der vergötterte Träger weltlicher Macht. Der wirkliche göttliche Weltheiland ist der Christus Jesus, dem allein der große Gottesname der Bibel „der Herr" zukommt. Denn ihn hat Gott durch die Auferweckung zum „Herrn und Christus" gemacht (Apg 2,36).

„Heute"

„Heute ist euch der Retter geboren, der ist Christus, der Herr." Dieses „Heute" will die Geburt des wahren göttlichen Heilandes als für die Gegenwart geltendes und wirksames Heilsereignis ausrufen. Die freudige Nachricht gilt jetzt und immer. Deshalb dürfen wir es nicht mit der Herausforderung genug sein lassen, die die Geburtsproklamation für die damaligen Leser und Hörer des Evangeliums bedeutete. Wir selbst sind und bleiben zum Bekenntnis des einen wahren Weltheilands, der der göttliche Herr ist, herausgefordert. Würde uns das Zentralwort des Weihnachtsevangeliums nur an ein Ereignis schon ferner Vergangenheit erinnern, hätten wir das an uns appellierende, die aktuelle Entscheidung unseres persönlichen Glaubens und Lebens fordernde „Heute" nicht vernommen.

Vers 12: *„Und dies ist für euch das Zeichen: Ihr werdet ein Kind finden, das in Windeln gewickelt in einer Krippe liegt."*

Mit der Geburtsproklamation kann das Evangelium nicht schon schließen, erst recht nicht

unter der begründeten Voraussetzung, daß die
Offenbarungserzählung 8–20 ursprünglich ohne
den Erzählvorspann 1–7 existierte. Die vorausgesetzten Hörer der großen Botschaft müssen
des Kindes auch ansichtig werden und können
nicht ohne eine Reaktion ihrerseits abtreten.
Aber wie finden die Hirten den nun geborenen
Messias? Mit den Worten „Und dies ist für euch
das Zeichen" läßt unsere Erzählung den Engel
eine alttestamentliche Wendung aufnehmen.
Damit bedient sie sich eines angemessenen
Mittels biblischer Darstellung. Das Motiv eines
jemanden oder etwas identifizierenden und
auch bestätigenden Zeichens war dem Alten
Testament geläufig. Etwa zur Auffindung des
Saales für das Abendmahl genügte ein Erkennungszeichen, nämlich der Mann mit dem
Wasserkrug (Lk 22,10). Wie die Fortsetzung
zeigt, hat das Zeichen hier aber auch eine bestätigende Funktion. Könnte der Engel dann
etwa die bestätigende Auskunft der Eltern
eines Säuglings oder gar das Von-selbst-of-
fenbar-Werden desselben als „Zeichen" nennen? Wir haben doch wohl nur die Sachlich-
keit und die fromme Scheu des urchristlichen
Verkündigers zu respektieren. Dieser denkt
eben nicht daran, im Stil späterer apokrypher

Evangelien das Kind selbst schon mit wunderbaren Zügen auszustatten. Er bleibt in dem von der Bethlehem/David-Überlieferung inspirierten Hirtenmilieu und läßt es bewenden mit der Unterbringung des Kindes in einem Futtertrog, die gerade noch außergewöhnlich genug ist, um als Zeichen dienen zu können.

Der Weltheiland in einem Futtertrog

Eben diese Unterbringung des Kindes läßt begreiflicherweise auch seriöse Betrachter in den Ton herkömmlicher Weihnachtsspiele verfallen. Wie kann die Welt nur so herzlos sein? Dieser kalte, dunkle und zugige Stall! Armseliger und kläglicher geht es ja fast nicht mehr! Der vom Himmel als der göttliche Retter Geoffenbarte muß sein Leben in einem Futtertrog beginnen! Natürlich kann ein historisierender Ausleger es für sein gutes Recht halten, hier seiner Phantasie und seinen Gefühlen freien Lauf zu lassen. Bezeichnend ist aber doch nun einmal, daß von der Empfindung einer beklagenswerten Situation auch nicht das Geringste zu spüren ist. Niemand klagt und jammert, weder der Engel noch nachher die

Hirten und die unmittelbar Betroffenen. Bei
einer urchristlichen Verkündigungserzählung
ist es einfach ein Gebot fairer Textbefragung,
den einzelnen Größen und Umständen der
Szene die ihnen im Ganzen zukommende
Funktion zu belassen. Und die „Zeichen"-
Funktion erklärt und rechtfertigt das Motiv der
Unterbringung des Kindes im Futtertrog nun
einmal zur Genüge.

Christologische Untertöne

Das schließt indes die Möglichkeit nicht aus,
daß die Krippe als bestätigendes Zeichen auch
in sich eine sinnbildliche Bedeutung hat. „Die
Kleinheit und Unscheinbarkeit – wie im Falle
des Stammvaters David (vgl. 1 Sam 16,1–13) –
weist den Erwählten aus" (G. Schneider). Von
ihrer judenchristlichen Herkunft her könnte
eine ursprünglich ohne den Zensusvorspann
umlaufende Offenbarungserzählung darüber
hinaus auch auf den Kontrast zwischen dem
wahren Erfüller der Heilsprophetie und den
jüdischen Heils- und Messiasvorstellungen,
vorab der verbreiteten Erwartung eines macht-
vollen nationalen Befreiers abheben und diese

korrigieren wollen. Auf der Ebene der lukanischen Redaktion, die ja die unseres Evangeliums ist, könnte der schon genannte Hinweis
auf die Erwählung des Unscheinbaren noch
einem charakteristischen Anliegen lukanischer
Christusverkündigung zugeordnet sein: Gleich
dem Weg des alttestamentlichen Frommen
führte der Weg Jesu als endgültiger Offenbarer
und Heilbringer durch Verkennung und Er-
niedrigung zur Verherrlichung durch Gott —
sogar zur Erhöhung zum universalen Kyrios,
der durch den Geist seine weltweite Heils-
gemeinde schafft. In der kritischen Situation
nach dem Karfreitag läßt der Evangelist den
Auferstandenen die von der Hinrichtung Jesu
betroffenen Jünger also belehren: „Mußte
nicht der Messias all das erleiden und so in seine
Herrlichkeit eintreten?" (Lk 24,25). Auch ein
neuerer Kommentar für Prediger warnt freilich
zu Recht vor einer „Überbetonung der Paral-
lele zwischen Krippe und Kreuz". Im Blick auf
den lukanischen Kontrast zum Weltherrscher
und auf die Lukas besonders angelegene Sicht
des Berufsweges Jesu werden wir im Sinne des
Evangelisten aus dem „Zeichen" der Krippe
aber doch den Hinweis auf das allen menschlichen Maßstäben von Größe und Macht

spottende Heilshandeln Gottes mitheraushören
dürfen. Die Auslieferung des Neugeborenen an
die Machtlosigkeit, an die Unbedeutendheit
und Kleinheit, ja an die Unbilden menschlichen Daseins deutet auf den schriftgemäßen
Messias, den Gott zum universalen Herrn
und wahren Retter der Menschheit gemacht
hat.

Vers 14: *„Herrlichkeit (ist) in der Höhe Gott,
und auf der Erde Friede den Menschen
(seines) Wohlgefallens."*

Nachdem der Engel des Herrn das bestätigende
Erkennungszeichen nannte, das die Hirten den
Messias finden lassen wird, müßte jetzt eigentlich der Aufbruch der Offenbarungsempfänger
nach Betlehem folgen. Das Schema der Verkündigungserzählung wird aber durchbrochen
durch eine zweite Angelophanie, nämlich durch
das Auftreten „einer Menge des himmlischen
Heeres". Daß zu dem „Engel des Herrn", der
Gottes Offenbarung auf diese Erde bringt,
noch ein Engelchor tritt, ist in einer Verkündigungserzählung direkt „regelwidrig"
(R. E. Brown). Woher und wozu dann also

dieses herrliche „Gloria", auf das wir an Weihnachten ganz und gar nicht verzichten möchten?

Die Großtat Gottes

Blicken wir zunächst auf den Inhalt des zweizeiligen Liedes. Als nicht ausdrücklich genanntes Zeitwort läßt sich in beiden Zeilen an sich sowohl „ist" als auch „sei" ergänzen. Sodann kann das oben mit „Wohlgefallen" übersetzte griechische Wort (eudokia) auch den von Menschen ausgehenden guten und redlichen Willen meinen, was die lateinische Übersetzung durch „den Menschen, die guten Willens sind" erklärt. Dem Kontext gemäßer wird das griechische Wort im Sinne einer der griechischen Übersetzung des Alten Testaments geläufigen Bedeutung aber richtiger vom göttlichen Wohlgefallen, von der souveränen göttlichen Gnadenwahl verstanden, wofür jetzt auch analoge Wendungen der Qumrantexte sprechen. Die Einheitsübersetzung konnte deshalb unsere zweite Zeile verdeutlichend wiedergeben mit: „Und Friede ist auf der Erde bei den Menschen, die er liebt." Der Zweizeiler will somit nicht einen Wunsch äußern, sondern das Handeln Gottes preisen. Im vorliegenden Kontext bezieht sich dieser Lobpreis auf die zuvor proklamierte Geburt des Retters. In dieser – so will die Doxologie sagen – verherrlicht sich Gott dadurch, daß er seine Macht als huldvolle Zuneigung zu den Menschen, als gnädiges Erbarmen offenbart.

Das „Gloria" des Engelchors

Wie schon angedeutet, fehlt in beiden Zeilen das Zeitwort. Das entspricht semitischem Sprachcharakter. Insofern könnte das Gloria ursprünglicher Bestandteil unserer judenchristlichen Offenbarungserzählung gewesen sein. Vielfach erblickt man in ihm aber auch ein liturgisches Eingangslied judenchristlicher Herkunft, das erst oder spätestens von Lukas aufgenommen und einem Engelchor in den Mund gelegt wurde, um die Geburt des Retters durch Akteure der himmlischen Liturgie als Großtat Gottes preisen zu lassen. Ob das eine oder das andere zutrifft, ist hier nicht zu diskutieren. Maßgebend ist für uns das Evangelium in seinem vorfindlichen Bestand. Was uns interessieren darf, ist die Frage, was die regelwidrige Verbindung des Auftretens der Engel des Herrn und „einer Menge" des Engelheeres zu bedeuten hat.

Das Engelheer paßt zu einer Gotteserscheinung (= Theophanie). So hört Jesaia angesichts der Gegenwart Gottes im Tempel hohe Engelwesen immerfort einander zurufen: „Heilig, heilig, heilig ist der Herr der Heere. Von seiner Herrlichkeit ist die ganze Erde erfüllt" (Jes 6,3). Der Anklang des Gloria an diese Stelle ist ohnedies nicht zu verkennen. Im Alten Testament begegnet aber der die Botschaft ausrichtende Engel Jahwes und der die Gotteserscheinung kennzeichnende Kabod (= die Herrlichkeit) Jahwes nur gesondert, nie kombiniert. Genau diese Kombination ist in unserem Evangelium vollzogen. Denn es stattet den Engel des Herrn mit dem theophanen Zug „der Herrlichkeit des Herrn" aus, der zugleich der Verkündigung des geborenen Retters als des göttlichen Herrn entspricht. Dieser theophane Charakter des Auftretens des Engels des Herrn erlaubt es, mit diesem das Theophaniemotiv des Gott preisenden Engelheeres zu verbinden. Damit, daß nur ein Teil des himmlischen Heeres anwesend wird, bleibt zugleich der

Unterschied zur Gegenwart Gottes im Himmel oder im Tempel gewahrt. Dieses erstmalige, alles Bisherige überbietende Zusammenfließen des Motivs des Engels des Herrn mit der andersartigen Form der Gotteserscheinung soll uns alarmieren. Das Evangelium zieht die höchsten Register, um die einmalige, die Menschheitsgeschichte wendende Bedeutung der Geburt des Retters, die das Gloria des Engelchors als die Großtat Gottes preist, nachdrücklich zu markieren.

Wo bleibt der „Friede auf Erden"?

Wenn ein Wort unseres Evangeliums in den Weihnachtstagen bis heute auch die Massenmedien erreicht und oft genug mit einem höhnischen Unterton zitiert wird, ist es das Engelswort „vom Frieden auf Erden". Wo ist denn dieser Friede? – lautet die uralte Einrede. Bald zweitausend Jahre lassen die Christen dieses Friedenslied erschallen. Mit welchem Erfolg? Neid und Haß, Kampf und Krieg, Totschlag und Mord gehen weiter wie eh und je. Bemühungen um den Weltfrieden scheitern noch und noch. Wo bleibt in unseren Tagen der todkündenden Atomblitze dieser liebende Gott, der den Menschen auf Erden den Frieden schenkt? Was soll dieses Weihnachtsevangelium anders sein als eine Utopie, die die harte Wirklichkeit allenfalls für Stunden feiertäglicher Hochstimmung mit einem Nebelschleier zu verdecken mag? Wir würden unserem christlichen Verantwortungsbewußtsein ein schlechtes Zeugnis ausstellen, wollten wir uns damit zufrieden geben, mit gleicher Münze heimzuzahlen: Ist das uralte Bemühen, mit den ureigenen Mitteln weltlich-politischer Macht eine endlich befriedete Welt zu schaffen, bis zur Stunde nicht ebenso ein Wunschtraum geblieben?

Unser Evangelist weiß sehr wohl zwischen Frieden und Frieden zu unterscheiden. Der als „göttliche" Segenstat gefeierte „Augusteische Friede" hatte sich ja auch schon längst als Utopie erwiesen, als Lukas im 7. oder 8. Jahrzehnt des ersten Jahrhunderts sein Evangelium niederschrieb und er unter anderem auf den jüdisch-römischen Krieg mit seiner Zerstörung des Tempels zurückblickte. Der Friede, von dem das Weihnachtsevangelium spricht, ist keineswegs identisch mit den idealen Vorstellungen jener „Pax Romana" – eines Friedens, der ganz und gar auf der Macht der römischen

Waffen, auf der Abschreckung äußerer und innerer Gegner beruht. Wären die hochgespannten zeitgenössischen Erwartungen, die sich an diesen römischen Frieden knüpften, auch nur für ein halbes Jahrhundert in Erfüllung gegangen, wäre das freilich ein höchstes irdisches Gut gewesen, wenn es auch nur eine äußere Bedingung des Daseins bedeutet hätte.

Ein Friede –
„nicht wie die Welt ihn gibt"

An die Verherrlichung des kaiserlichen Retters, der den Krieg beendete und Land und Meer den Frieden schenkte, mag sich auch der Evangelist erinnert fühlen. Dann aber nur wieder, um die überbietende Friedensproklamation christlicher Doxologie zu profilieren. Denn diese spricht nicht von der Beendigung der Kriege durch einen großen Macher nach den Maßen dieser Welt, sondern vom totalen Angewiesensein der Menschen dieser Erde auf die Initiative und Gnade des alleinigen wahren Gottes. Sie spricht vom „Frieden" im Sinne des biblischen „schalom". Und das ist der Inbegriff des endgültigen Heils, das allein Gott zur Verwirklichung bringt. Der Friede des Weihnachtsevangeliums „macht sich gerade nicht von den politischen Möglichkeiten und Unmöglichkeiten der Menschen abhängig. Er ist Friede auch inmitten des irdischen Unfriedens" (W. Schmithals). Denn der diesen Frieden schenkte und „heute" schenkt, ist Gott selbst, der durch den einen wahren „Retter" Jesus Christus seine rettende Macht und Liebe erwiesen hat.

„Und auf der Erde Friede den Menschen seines Wohlgefallens"

Diese Botschaft umgreift deshalb alles, was das Neue Testament als endzeitliches Heil verkündet. Sie kündet von der grenzenlosen Liebe Gottes, die uns kraft des erlösenden Sterbens seines Sohnes Vergebung unserer Sünden geschenkt und in seiner Auferstehung eine neue Daseinsmöglichkeit eröffnet hat. Sie versichert uns eines Friedens, der sich durchhält, wo den Menschen angesichts der Brüchigkeit und Gefährlichkeit, der Kosten und des Risikos des irdischen Friedens oft nur Schrecken und ein Gefühl lähmender Ohnmacht befallen kann. Sie läßt uns mit den damaligen Christen um den

Frieden in der Welt beten, ohne den stets
unvollkommenen irdischen Frieden mit dem
endgültigen Heil Gottes zu verwechseln. Sie
weckt unseren zuversichtlichen Glauben an
die kommende Endoffenbarung „des starken
Gottes" und „Friedensfürsten" (Jes 9,5):
„Unser (eigentliches) Heimatland ist im Himmel. Von dorther erwarten wir auch den Retter,
den Herrn Jesus Christus" (Phil 3,20).

Ein Friede, der verpflichtet

Inmitten einer Menschheit, die sich, wie viel-
leicht noch nie, am Scheideweg zwischen Angst
und Hoffnung sieht, gemahnt das Gloria
freilich auch an die hohe Verantwortung, die
uns die gottgeschenkte Chance auf wahren
Frieden auferlegt. Die heute gern geschmähte
Rede vom „Seelenfrieden" kann sehr wohl
einen berechtigten Sinn haben. Lebendiger
Glaube an die Gotteskindschaft ist beglückende
Geborgenheit in Gott. Als „Frucht des Geistes", der in Christus geschenkten Lebenskraft,
gehört „Friede" deshalb eng mit der christlichen Grundgestimmtheit der „Freude" zusammen (Gal 5,22). Wer freilich meinte, dieser

Friede würde einen egoistischen Rückzug auf ein nicht engagierendes Gottesverhältnis erlauben, hätte diese Gnadengabe völlig mißverstanden. Die gnädige Zuwendung Gottes in Jesus Christus will unser gesamtes Leben in allen seinen Bezügen bestimmen und gerade auch die Beziehungen zwischen den Menschen ändern. Denn Gott schenkt seine Gnade ganz, und seine Gnade ist unteilbar. Die Verkündigung Jesu läßt hier keinen Zweifel. Erst die Erfahrung der den sündigen Menschen annehmenden Liebe Gottes befähigt zu der von Jesus geforderten Liebe zum Nächsten, bis hin zum persönlichen Feind. Jesus lebt und fordert eine Liebe, die Gottes eigene vorbehaltlose Liebe zu Guten und Bösen zum Maßstab macht und sich darum müht, das allzumenschliche Freund-Feind-Denken zu überwinden. Deshalb gilt im Sinne Jesu ja auch umgekehrt: Nur wer in seinem Lebensvollzug akzeptiert, daß die Gnade Gottes allen gilt, wird sie erfahren. „Wenn ihr den Menschen ihre Verfehlungen vergebt, wird euch auch der Vater im Himmel vergeben; wenn ihr ihnen nicht vergebt, wird auch euch der Vater eure Verfehlungen nicht vergeben" (Mt 6,14f).

Der ehrliche Christ weiß um das menschliche

Versagen, das Jesus mit diesem verheißenden und richtenden Wort anspricht. Das tägliche Scheitern menschlicher Bemühungen um den Frieden steht ihm ja auch in der Erfahrung des persönlichen Alltags immer wieder vor Augen. Und er weiß auch, „daß Frieden mehr ist als nur die Unterdrückung des offenen Ausbruchs täglicher Auseinandersetzung zwischen Menschen auf allen Ebenen" (H. Graf Reventlow). Glatte Oberflächlichkeit, die über ein Denken in den Gesetzen von Macht und Gegenmacht nicht hinauskommt, wird die Weihnachtsbotschaft freilich nur als unrealistische Schwärmerei abtun, darum auch letztlich nur die Ohnmacht einer von Selbstsucht versklavten Welt erfahren müssen. Wer sich auf den vom Weihnachtsevangelium gemeinten Frieden einläßt und sich von Gottes Erbarmen zu schöpferischer Liebe bewegen läßt, weiß sich zu einer mitmenschlichen Solidarität aufgerufen, die in der unverbrüchlichen Wirklichkeit der alle Menschen umfassenden, erbarmenden Liebe Gottes begründet ist. Alles Engagement für diese Welt hat hier sein gottgewolltes Fundament und seine tiefste Motivation. Und dieses Engagement ist eine unerläßliche Christenpflicht. Ein abstraktes und

lebloses Fürwahrhalten ist noch kein christlicher Glaube. Denn „in Christus" kommt es
nicht darauf an, Jude oder Heide zu sein,
„sondern auf den Glauben, der durch Liebe
wirksam ist" (Gal 5,6). Das Jubellied des
Gloria stellt nicht die Wahrheit des Christusglaubens kritisch in Frage, wohl aber uns selbst,
insoweit auch wir Christen immer wieder
versucht sind, die Welt einzig aus sich selbst
verstehen und heilen zu wollen.

Verse 15—16: *„Wir wollen also nach Betlehem gehen,*
um dieses geschehene Wort zu sehen,
das der Herr uns kundgetan hat.
Und sie gingen in Eile hin
und fanden Maria und Josef und
das Kind in der Krippe liegend."

Nach der Unterbrechung durch den Lobpreis
des Engelchors geht die Offenbarungserzählung weiter, wie es der in der „Zeichen"-
Voraussage inbegriffenen Aufforderung an die
Hirten entspricht. Ohne zu fragen und zu
zögern, brechen diese nach Betlehem auf, um
„dieses geschehene Wort zu sehen". Der hier
gebrauchte Ausdruck für „Wort" gibt ein
wichtiges Hauptwort der hebräischen Bibel

(dabar) wieder, das „Wort" und „Ereignis" in einem bedeutet. Das Wort Gottes hat Ereignischarakter. Was Gott sagt, das geschieht; und das Geschehnis selbst ist sprechende Wirklichkeit. Dem entspricht eben auch: noch ehe die Hirten das Krippenkind sehen, steht für sie die Wahrheit der offenbarenden Worte des Verkündigungsengels fest. Deshalb wird es im Grunde bereits eine Überinterpretation sein, wenn man die Hirten zugleich ein Vorbild abgeben läßt im Sinne jenes „Selig sind, die nicht sehen und doch glauben!". Das Engelwort vom „Zeichen" zielt so unmittelbar auf das Eintreffen des Zeichens ab, daß für eine Offenbarungserzählung das vorgängige gläubige Ja zur ergangenen Offenbarung die einzig angemessene Reaktion der Hirten ist.

Die Ersten an der Krippe

Die Hirten, die unsere Offenbarungserzählung als Erste das Messiaskind entdecken läßt, haben es verständlicherweise den Verfassern von Meditationen, von Unterrichts- und Predigthilfen besonders angetan. Ein breites Spektrum der Meinungen tut sich auf. So werden die

Hirten als fromme Männer gerühmt, die hingebungsvoll den Heilsverheißungen der Schrift nachsannen. Oder sie sollen die Masse der einfachen Leute, das wegen mangelnder Gesetzeskenntnis geringgeschätzte „Volk des Landes" repräsentieren. Oder sie gelten als die ausgesprochen armen Proletarier von damals. Da Hirten in einigen rabbinischen Zeugnissen als Diebe und Betrüger verdächtigt und verachtet werden, die vor Gericht zeugnisuntauglich sind, werden sie aber auch zum üblen Ausschuß des Gottesvolkes. Man malt sich dann einen bezeichnenden Kontrast aus: Nicht die gesellschaftliche und religiöse Elite Israels, Hohepriester und Schriftgelehrte, nicht Theologen, sondern einfache, unverbildete Gläubige werden der himmlischen Offenbarung der Messiasgeburt gewürdigt. Und wo die Armut oder die Verachtung des Hirtenberufes im damaligen Alltag vorausgesetzt wird, geht man noch einen Schritt weiter. Mit der Erwählung der Hirten wolle unsere Erzählung bereits auf die liebevolle Zuwendung Jesu zu den Armen oder zu ausgesprochenen Sündern und Verachteten vorausweisen.

Ob arm oder reich, ob einfältig fromm oder gelehrt, ob gesetzeskundig oder gesetzlos und verachtet – all das sind wieder einmal Fragen, die unsere Erzählung nicht interessieren und als nachösterliche Offenbarungserzählung auch gar nicht zu interessieren brauchen. Wollte man boshaft sein, könnte man nur von Glück sagen, daß die Herkunft Davids aus Betlehem mit dem Beruf des Hirten und nicht mit dem des Hohepriesters oder des (späteren) Schriftgelehrten verbunden war. Vertreter des sadduzäischen Priesteradels oder des Schriftgelehrtenstandes könnte man sich angesichts der späteren Geschichte Jesu nur schlecht in der Rolle der Hirten unserer Erzählung vorstellen. Abfälligen Urteilen über den Hirtenberuf stand im übrigen die denkbar hohe Wertung des Hirten und der Hirtentreue im Alten Testament und auch im Frühjudentum gegenüber. Unsere Stelle wäre denn auch die einzige im Neuen Testament, die den Hirtenberuf als solchen moralisch abqualifizieren würde. Gewiß hat gerade das Lukasevangelium besonders Worte und Begebenheiten aufgenommen, die Jesus als den Heiland der Armen, der Verachteten und der Sünder zeichnen. Ob der Evangelist diesen ausgeprägten Zug seines Jesusbildes auch an unserer Stelle im Auge hat, ob er somit verachtete Sünder als Erste die Offenbarung des Erlösers empfangen lassen will, ist sogar sehr unwahrscheinlich. Nichts weist auf eine solche Paradoxie hin. Wenn schon, ließe das Verhalten der Hirten uns auf eine positive Wertung des Berufes schließen. Exegetisch Maß zu halten, kann uns gerade bei diesem Punkt nicht schwer fallen. Daß der Heiland auch notorischen Sündern seine Heilsbotschaft zusprach, ist eine so vielfach belegte Tatsache seines Wirkens, daß die unmittelbaren Offenbarungsempfänger unserer Christuserzählung wahrhaftig nicht als ausgesprochene Sünder beansprucht werden müssen.

Wir werden unserer Verkündigungserzählung wohl am besten gerecht, wenn wir uns mit der Funktion, die diese den Hirten eindeutig zuschreibt, voll zufrieden geben. Sie dienen als Empfänger und Vermittler der vorgreifenden Offenbarung der Heilbringerwürde Jesu. Und diese Funktion verdanken die Hirten unserer Offenbarungserzählung wohl ausschließlich der Verwurzelung des Hirtenmotivs in der Betlehem/David-Überlieferung. Dazu kamen natürlich auch die schon genannten Vorteile, die die Ausgangsvorstellung von nachtwache-haltenden Hirten mit sich brachte. Und vergessen wir nie, obwohl die Hirten die menschlichen Hauptakteure sind, ist und bleibt das einzige Thema die Geburt des Erlösers, wie der Fortgang der Erzählung des weiteren bestätigt.

Vers 17–18: *„Als sie es gesehen hatten, teilten sie mit, was ihnen über dieses Kind gesagt worden war. Und alle, die es hörten, staunten über das, was ihnen von den Hirten erzählt wurde."*

Nachdem die Hirten die angelische Offenbarung der erfolgten Messiasgeburt bestätigt fanden, versteht es sich von selbst, daß die Offenbarungsempfänger die Botschaft vom messianischen Geheimnis des Kindes an die weitergeben, in deren Mitte das Kind ist. Das „und alle, die es hörten, staunten über…" entspricht einem erzählerischen Zug in einer voraufgehenden Szene der Täuferparallele: „Und es wurden beeindruckt alle, die es hörten" (1,66) – die nämlich von den wunderbaren Vorgängen bei der Beschneidung und Namensgebung des Johannes erfuhren. Das „alle, die es hörten" war hier vorbereitet durch die Angabe, daß Nachbarn und Verwandte anwesend waren, und daß die Nachricht sich „im ganzen Bergland von Judäa" verbreitete

(1,58.65). Völlig anders ist die Situation unserer Erzählung. Hier wird nicht gesagt, wer die „alle" sind, woher sie kommen, warum sie da sind. Derlei Fragen zu stellen, ist hier so überflüssig wie etwa die Überlegung, es könnte inzwischen schon zu tagen begonnen haben. Die Kunde vom Offenbarungsempfang bedarf eines Auditoriums. Woher dieses kommt, kann einer nachösterlichen Verkündigungserzählung so gleichgültig sein wie der Standort der Krippe.

Ein Hinweis auf das A und O der Erzählung

Anstatt einem hier vergeblichen „Wie war es?" nachzuhängen, sehen wir uns richtiger nach alttestamentlichen Einschlägen unserer Darstellung um. Besonders dort, wo die Freude über etwas, das mit dem Heil zusammenhängt, zum Ausdruck gebracht werden soll, spricht die volkstümliche Erzählung der Bibel gern von „allen". Mehr als auf die Größe der Zahl kommt es dabei auf die Einstimmigkeit an. Um ein Echo auf ein freudiges Ereignis – nein auf das Heilsereignis schlechthin, geht es ja in unserem Kontext. In diesem war der mit „alle"

umschriebene Zuhörerkreis zudem motivlich
schon vorbereitet durch die angelische Verkündigung einer „großen Freude", die „dem
ganzen Volk" zuteil werden wird. Wie sollen
diese „alle" aber nun reagieren? Aus längst
erwähnten Gründen kann der Erzähler dieselben unmöglich von der Krippe wegeilen und
in Betlehem die große Neuigkeit berichten
lassen. Nicht umsonst verliert die Erzählung
kein Wort über ein Weggehen der „alle",
sondern läßt sie nur die Hirten von der Bühne
abtreten. Die Kunde von der Offenbarung der
Messiasgeburt erfordert aber andererseits ein
positives Echo des Auditoriums. Der urchristliche Erzähler mußte da keineswegs in Ver-
legenheit geraten. In der alttestamentlichen
Überlieferung und noch häufiger in der neutestamentlichen verwendet der Erzähler die
Begriffsgruppe „Staunen", um den Eindruck
eines Ereignisses auf die Augen- und Ohren-
zeugen zu kennzeichnen und dadurch dessen
Größe und Bedeutsamkeit zu betonen. Das
geschieht vor allem auch dort, wo es um die
wunderbarem, für den Menschen zunächst nicht
einsehbaren Wege Gottes geht. Im Unterschied
zur Verwunderung der Menge über das außergewöhnlich lange Verweilen des Zacharias im

Tempel (Lk 1,21), die auf einen bevorstehenden Vorgang vorbereiten will, ist das Erstaunen an unserer Stelle eindeutig Reaktion auf die erfolgte wunderbare Offenbarung. Gemeint ist wohl ein ehrfürchtiges und ahnungsvolles Sichverwundern, das schon einen ersten Schritt zum Glauben bedeutet, aber nicht schon entschiedener Glaube ist. Wie das häufige Erstaunen im „Chorschluß" synoptischer Wundererzählungen auf die Manifestation übermenschlicher Macht hinweist, soll hier das Staunen aller die Größe des von den Hirten mitgeteilten Geschehens hervorheben. Wir haben deshalb nicht die abwegige Frage historisierender Auslegung zu stellen: Was ist aus den „allen" geworden? Haben sie sich nicht zu festem Glauben durchgerungen? Eine adäquate Auslegung kann diesem Staunen aller nicht einmal die Mahnung zur persönlichen Glaubensentscheidung entnehmen. Wohl dürfen wir uns durch dieses Element auf das A und O unserer Offenbarungserzählung hinweisen lassen. Und das ist eben die unüberbietbare Botschaft, daß in Jesus der göttliche Heiland in die Welt gekommen ist.

Vers 20: *„Und die Hirten kehrten zurück,*
Gott preisend und lobend für alles,
was sie zuvor gehört und gesehen hatten,
(so,) wie es ihnen gesagt worden war."

Diese Botschaft erfordert freilich eine Antwort,
die über ein wohlgefälliges Staunen hinausgeht.
Hat unsere Offenbarungserzählung von Haus
aus sogar zwei weitere Antworthandlungen
enthalten? Unter der meist vertretenen Voraussetzung, Lukas habe die Offenbarungserzählung (8–20) ihrer Substanz nach schon vorge-
funden, hält man den das besondere Verhalten
Marias erwähnenden Vers 19 mit guten Gründen weithin für eine lukanische Einfügung.
Unbestreitbar hätte sich an das Staunen aller
über das von den Hirten Gesagte (V 18) die
abschließende Notiz von der Rückkehr der
Hirten und ihrer ein Staunen weit überbietenden Reaktion (V 20) erzählerisch glatt an-
geschlossen.

Die Weihnachtsfreude
des gläubigen Christen

Dieser Schlußvers ist ein Meisterstück für sich. Die Offenbarungserzählung, die mit der Vorstellung der nachtwachehaltenden Hirten (V 8) begann, schließt mit einer großartigen Inclusion, nämlich mit der das Offenbarungsgeschehen rekapitulierenden Antwort der Hirten. Aus der schlechthin zentralen Verkündigung des Engels des Herrn werden mit „was sie gehört und gesehen hatten" die beiden konstitutiven Momente aufgenommen: das gehörte offenbarende Wort und das dieses als wahr erweisende sichtbare Zeichen. In der vorliegenden Fassung, die nach der Proklamation der Geburt des Erlösers den Engelchor in Aktion treten läßt, entspricht das Rühmen und Loben der Hirten zugleich dem Gotteslob des Engelchors. Dank des Motivs von nachtwachehaltenden Hirten kann die Erzählung die unmittelbaren Offenbarungsempfänger mit dem freudigen Bekenntnis des Glaubens an die Geburt des verheißenen Heilands abtreten lassen, ohne jene zu dem erzählerisch vorausgesetzten Zeitpunkt der Geburt Jesu und damit vorzeitig zu Kündern der Frohbotschaft in Israel machen zu

müssen. Durch diesen zweiten „Chorschluß"
kommt unsere Offenbarungserzählung zugleich zu ihrem aktuellen Schlußakkord. Weil
sie nachösterliche Hörer und Leser als Adressaten im Auge hat, bedeutet es eine Ablenkung
vom wirklichen Ziel, wenn man auch hier
wissen möchte, was aus diesen Hirten geworden ist, warum wir später nicht etwa hören, sie
seien Jünger Jesu geworden, ob sich ihr Glaube
also dann doch nicht durchgehalten hat. Angesprochen sind in Wirklichkeit die nachösterlichen Leser und Hörer. Und das sind wir! Uns
selbst gilt die Frohbotschaft unseres Evangeliums. Wir werden durch dieses zum Bekenntnis Jesu als des wahren, göttlichen „Retters"
der Menschheit aufgerufen. Durch uns soll der
dankbare Jubel und Preis der Hirten konkretes
Bekenntnis werden. Weihnachten ist und bleibt
mit vollem Recht ein Fest jubelnden Glaubens.

Vers 19: *„Maria aber bewahrte alle diese Worte,
sie in ihrem Herzen überdenkend."*

Auch mit einem noch so hochgestimmten und
ehrlichen Glaubensbekenntnis des Weihnachts-
tages ist es nicht getan. Wirklicher Glaube muß

im rasch folgenden Alltag wirksam werden. Weil der kostbare Satz über das besondere Verhalten der Mutter des Heilandes (V 19) auf diese Bewährung des Christen im Alltag ausblickt, soll unsere letzte Betrachtung diesem an sich vorletzten Vers gelten.

Die Hirten verschwinden im Dunkel der Nacht, in dem sie unsere Offenbarungserzählung die Engelbotschaft empfangen ließ. Sie sind wie auch „alle" Hörer – abgesehen von Maria und Josef – sozusagen rein „literarische" Größen, die letztlich von biblischen Motiven eingegeben sind. Anders Josef und Maria! Diese sind – wie selbstverständlich auch das im Mittelpunkt stehende Kind – konkrete historische Personen. Aus diesem Grund erscheinen sie, wiederum im Unterschied zu den Hirten, auch in anderen Szenen der Vorgeschichten der beiden Großevangelien.

Eine Frage des Bibellesers

Eben aus diesem Umstand erwächst einem Leser, der die beiden Geburtsankündigungen von Mt 1 und Lk 1 im Gedächtnis hat, eine erste Schwierigkeit. Seit der Ankündigung der geist

gewirkten Empfängnis weiß Maria doch um die
göttliche Sendung ihres Kindes (Lk 1,26–38).
Selbst wenn man von der Perikope Mt 1,18–25
absieht, müßte auch Josef zum Zeitpunkt der
Geburt längst von der Herkunft und Sendung
des Kindes erfahren haben. Wie kann unsere
Erzählung Maria und Josef dann das bewun-
dernde Staunen der Übrigen teilen lassen, für
die die Geburt des Messias eine absolut neue
Nachricht ist? Da in der lukanischen Vorgeschichte die Geburtsverheißung an Maria vor-
aufgeht, müßte doch wenigstens Lukas ein
Vorwissen der Eltern durchblicken lassen.
Könnte er dieses nicht schon durch die
auffallende Reihenfolge „Maria und Josef" im
Vers 16 andeuten wollen? Die Voranstellung
Marias an dieser Stelle kann diese Schlußfolge-
rung noch nicht rechtfertigen. Denn sie läßt
sich bereits hinreichend aus dem Vorblick auf
die beabsichtigte Einfügung des Zusatzes über
die Sonderreaktion Marias (V 19) erklären. Daß
eine solche nur von Maria erwähnt und Josef
überhaupt nicht mehr genannt wird, ist ja schon
für sich ein Umstand, der der Erklärung bedarf.

Um unsere Perikope dann wenigstens Maria
das Wissen um das messianische Geheimnis
ihres Kindes bekunden zu lassen, berief man

sich auf diesen Vers 19. Dieser wolle nämlich
besagen: Was Maria durch die Verkündigung
des Engels des Herrn erfuhr, was sie auf Besuch
bei Elisabet und jetzt nach der Geburt erlebte,
fügte sie in ihrem Herzen zusammen. In
gläubiger Zusammenschau begriff sie die in-
einandergreifenden Einzelvorgänge als Teile
eines von Gott geordneten Ganzen. So anspre-
chend diese Auslegung klingt, ist sie doch
kaum zu halten. Das Objekt „alle diese
(geschehenen) Worte" ist ungezwungen nur
auf das unmittelbar voraufgehende Offenbarungsgeschehen zu beziehen. Das griechische
Wort, auf das sich jene Auslegung vor allem
stützt, heißt sodann nicht „zusammenfügen",
„in eine Zusammenschau einordnen", sondern
„erwägen", „überdenken", noch genauer: „die
richtige Bedeutung treffen". Auch der Umstand, daß der Evangelist in seinem Erzählvorspann (V 1–7) den Ton auf die davidische
Herkunft Josefs legte, ohne dem „die schwanger war" ein „vom Heiligen Geist" (= durch
Gottes schöpferische Kraft) hinzuzufügen, ist
nicht zu übersehen. Deshalb meinen die neue-
ren Erklärer fast durchweg, daß in unserer
Verkündigungserzählung „auf das 1,31–33.35
und 1,42–45.46–55 bezeugte Wissen Mariens

nicht weiter reflektiert wird" – so charakteristisch es für die lukanische Erzählung sei, „daß dieser Christushinweis ‚marianisch' formuliert ist" (H. Schürmann).

Geburtsverheißung und Geburtsverkündigung

Dieser Verzicht des Evangelisten braucht uns nicht mehr zu befremden, sobald wir bedenken, daß die beiden Perikopen denselben Christusglauben von unterschiedlichen Momenten der Heilsprophetie her reflektieren und verkünden. Alle Bekenntnisaussagen, die vom irdischgegenwärtigen Jesus wie von dem Menschgewordenen als dem Sohn Gottes sprechen, sind letztlich in der Gottunmittelbarkeit begründet, die den unableitbaren Sendungsanspruch Jesu kennzeichnet, und im besonderen in seiner Prärogative, „mit dem Finger Gottes", also in der Kraft (= Geist) Gottes, die endzeitliche Offenbarung der Herrschaft Gottes einzuleiten, zum Ausdruck kommt. Diese analogielose, jede prophetische Sendung überbietende Gottunmittelbarkeit Jesu bleibt das prägende Element des Bekenntnisses Jesu als des Sohnes Gottes und legitimiert die „christologisch" vertiefte

Interpretation der prophetischen Schrift. Schon vor Beginn seines öffentlichen Wirkens war Jesus der Sohn Gottes, der den Heiligen Geist schlechthin (vgl. Jes 42,1) besitzt, kann die Urkirche deshalb mit vollem Recht verkünden (Mk 1,10f.). Er war es vom Mutterschoß an! So konnte judenchristliche Verkündigung unter Verwendung der Gattung der Geburtsverheißung großer Gottesmänner im Anschluß an die Schrift die tiefe, wesentliche Einheit zwischen dem Messias Jesus und Gott in einem weiteren Schritt explizieren. Mit der davidisch-messianischen Königstradition war ja auch die Vorstellung vom „Gottessohn" vorgegeben (Ps 2,7; 89,27–30; 2 Sam 7,14: „Ich will für ihn Vater sein, und er wird für mich Sohn sein"). Dazu kam im Raum des hellenistischen Judenchristentums die Immanuel-Weissagung der griechischen Bibel, die nicht nur die Empfängnis ins Auge faßt, sondern ausdrücklich von „der Jungfrau" spricht, die empfangen und einen Sohn gebären wird (Jes 7,14). Diese Schriftstelle erlaubte es, die angelische Verheißung an die mit dem Davididen Josef verlobte Jungfrau Maria einsetzen zu lassen mit den Worten: „Du wirst (ein Kind) empfangen und einen Sohn gebären und dem sollst du den Namen Jesus geben" (1,31).

Die Geburtsverheißung (Lk 1,26–38) geht
also von Schriftstellen aus, die von der Empfängnis sprechen und den endzeitlichen Herrscher als Sohn Gottes bezeichnen. Im Unterschied dazu proklamiert die Schriftstelle, die die
Grundstruktur der Verkündigung des Engels
des Herrn im Weihnachtsevangelium bestimmt, die erfolgte Geburt des Kindes und
dessen Heilsbringerwürde (Jes 9,5f). Der Engel
Gabriel fügt auch nicht andeutend hinzu, Maria
werde den Sohn – statt in ihrem Heimatort
Nazaret – in Bethlehem gebären. Für eine
Christuserzählung, der an der göttlichen Ur-
sächlichkeit der Existenz des messianischen
Thronerben Davids liegt (1,31–35), wäre es
ohnehin überflüssig, die messianische Sendung
des „Sohnes Gottes" auch noch von dem als
prophetisch beanspruchbaren Geburtsort her
zu begründen. Anders steht es mit unserer
Christuserzählung (2,8–20). Ihre Geburtsverkündigung geht nicht hinter die erfolgte
Geburt zurück und ist statt auf den Gottessohn-
titel auf andere christologische Prädikationen,
wie besonders die Gottesprädikate „der Retter"
und „der Herr" ausgerichtet. Für sie ist „die
Stadt Davids" als Geburtsort ein grundlegen-
des Moment, das die Heilbringerwürde Jesu

begründet und, vor allem im Anschluß an Jes 9,5f, die Geburt eines Kindes als die Geburt des messianischen Retters verkünden läßt. Was bedeutet es also, wenn Lukas sogar im Rahmen seiner Vorgeschichte auf das von der Geburtsverheißung vorausgesetzte Wissen Mariens nicht reflektieren läßt und in seinem Erzählvorspann 1–7 mit dem ihm vorgegebenen Schriftmotiv von der Geburt des Messias in „der Stadt Davids" noch ausdrücklich die davidische Herkunft Josefs und damit auch Jesu verbindet? Das zeigt im Grunde nur, daß auch der Evangelist die unterschiedlichen Ansätze der beiden Christuserzählungen respektierte. Weil dieselben von ihrem Ursprung her voneinander unabhängig sind, die angelische Proklamation der in Betlehem erfolgten Messiasgeburt die angelische Geburtsverheißung also nicht voraussetzt, erweisen sich beide, zunächst sehr überraschende Momente nur als folgerichtig: daß nämlich auch der Evangelist die himmlische Proklamation der Messiasgeburt als ein Offenbarungsgeschehen darstellt, durch das auch Josef und Maria erst von der messianischen Sendung ihres Kindes hören, und er dementsprechend auch sie in das Staunen „aller" einbezieht; daß er dies sodann tut, ohne die beiden auch nur nachträglich oder zusätzlich auf die voraufgehende Geburtsverheißung reflektieren zu lassen.

Maria als Vorbild des Christen

Dabei hat es der Evangelist indes nicht belassen, wie eben unser Vers 19 zeigt. Warum ist – höchstwahrscheinlich vom Evangelisten selbst – ein Satz hinzugefügt, der Maria ein auf das Offenbarungsgeschehen antwortendes Verhalten zuschreibt, das sie von allen Staunenden (V 18) wie auch von den Gott lobenden Hirten (V 20) unterscheidet? Und warum wird diese Ehre nur Maria zuteil? Warum ist von Josef überhaupt nicht die Rede? Die Mutter Jesu ist die einzige der in den beiden Vorgeschichten genannten erwachsenen Personen, die eine Brücke von den Geburts- und Kindheitserzählungen zum offenbarenden Wirken Jesu schlägt und darüber hinaus zur nachösterlichen Jüngergemeinde, die sich glaubend und bittend zum Empfang der Gabe des Geistes Jesu versammelt (Apg 1,14). Im Johannesevangelium tritt die Mutter Jesu sogar am Anfang (2,1–5) und am Ende seines öffentlichen Wirkens (19,26f) in Erscheinung. In der Perikope vom ersten Zeichen, mit dem Jesus nach Johannes „seine Herrlichkeit offenbarte", repräsentiert Maria in ihrem zuversichtlichen Verhalten „diejenigen, die das Heil von Jesus erwarten" (R. Schnackenburg).

Auf das Verhalten des wahren Gläubigen scheint auch Lukas mit dem Beispiel Mariens vorausweisen zu wollen. Von ihr wird ausdrücklich gesagt, daß sie bewahrte, was sie hörte. Nur sie führt das Hören auf den Weg engagierten Nachdenkens. Das „Herz" ist das denkende, fühlende, wollende Ich des Menschen, das im Neuen Testament gerade auch hinsichtlich seiner Verantwortlichkeit vor Gott mit diesem Begriff bezeichnet wird. Maria überdenkt das wunderbare Geschehen „in ihrem Herzen" auf seine richtige Bedeutung hin. Sie gleicht darin dem Weisen, der die Gleichnisse, Prophetien und geheimnisvollen Worte der Vergangenheit bewahrt, über sie nachdenkt, um sie zu verstehen und aus ihnen zu leben (vgl. Sir 39,1-2).

Der Evangelist will das Wort über Maria freilich vor allem aus dem Vorblick auf die Verkündigung Jesu verstanden haben. Auch er hat die Deutung des Gleichnisses von der Saat

in sein Evangelium aufgenommen (8,11–15).
Schon die Seelsorge seiner Zeit hatte mit einer
der hier beschriebenen Gruppen von Hörern
des Evangeliums zu tun: Sie hören das Wort,
nehmen es sogar mit Freuden auf, aber ihr
Glaube schlägt nicht Wurzeln (8,13). Kaum
zufällig hat Lukas der Deutung des Saatgleich-
nisses und drei weiterer Versen über das rechte
Hören (8,16–18) ein von ihm bis jetzt ausge-
spartes Stück der Markusvorlage angeschlos-
sen. Es ist die einzige synoptische Szene des
öffentlichen Wirkens Jesu, in der Maria er-
scheint. Hier sagt Jesus: „Meine Mutter und
meine Brüder sind die, die das Wort Gottes
hören und es befolgen" (8,21). Alles spricht
dafür, daß der Evangelist mit unserem Vers 19
den Vergleich der Reaktion Mariens mit den
wahren Hörern, die die Gleichnisdeutung
nennt, anzielt. Maria zählt zu denen, „die das
Wort mit gutem und aufrichtigem Herzen
hören, daran festhalten und durch ihre Aus-
dauer Frucht bringen" (8,15). Die Mutter Jesu
antizipiert und repräsentiert die wahren Hörer
der Offenbarung von der Geburt des Erlösers.
Diesen gilt der Heilsruf Jesu: „Selig, die das
Wort Gottes hören und es bewahren!" (11,28).

IV

Kein anderes Evangelium

Das Weihnachtsevangelium ist seiner literarischen Gattung nach eine urchristliche Bekenntniserzählung, die die mit dem öffentlichen
Wirken Jesu anhebende Christusoffenbarung
voraussetzt. Wir haben uns ja bereits die
Gründe vergegenwärtigt, aus denen es weder
sinnvoll noch billig wäre, an dieser Einsicht
heutiger Evangelienforschung Anstoß nehmen
zu wollen. Es fällt denn auch nicht schwer, die
Probe aufs Exempel zu machen. Würde unsere
Perikope aufgrund konkreter historischer
Überlieferung Begebenheiten berichten, die
sich vor und unmittelbar nach der Geburt Jesu
zugetragen haben, ergäbe sich kein einziges
Moment, das den apostolischen Christusglauben substantiell bereichern könnte. Nach
außen hin wird das schon durch den Gesamtbe-
fund der neutestamentlichen Dokumentation
bestätigt, die immerhin mehr als die zwei ersten
christlichen Generationen umfaßt. Wie die
Verfasser des ersten und des letzten der

evangelischen Jesusbücher kamen auch die der
außerevangelischen Schriften nicht auf den
Gedanken, zur Begründung des Christusglaubens auf eine zum Zeitpunkt der Geburt
erfolgte himmlische Offenbarung der Messianität Jesu oder auch nur auf Betlehem als
schriftgemäßen Geburtsort des Heilbringers
hinzuweisen. Für ältere wie für jüngere Bekenntnisaussagen ist nicht zuletzt auch das
völlige Desinteresse an näheren Umständen der
Geburt Jesu kennzeichnend. „Gott sandte
seinen Sohn, geboren aus einer Frau und dem
Gesetz unterstellt" (Gal 4,4). „Er, der sich in
der Daseinsweise Gottes befand, ... entäußerte
sich selbst und nahm die Seinsweise eines
Knechtes an und wurde den Menschen gleich"
(Phil 2,6f). „Und das Wort (Gottes) ist Fleisch
geworden" (Joh 1,14). Wie es diesen Mensch-
werdungsaussagen einzig auf das „Wer" des
Geborenen ankommt, so auch unserer Christuserzählung, die freilich aufgrund des ihr eigenen
schrifttheologischen Ansatzes im Unterschied
zu jenen nicht hinter die Geburt zurückgeht
und somit auch nicht auf die Vor-Existenz
Christi abhebt.

Als völlig unbegründet erwies sich deshalb
auch die Sorge, das Weihnachtsevangelium

werde seiner Wahrheit beraubt, wenn das Wunder der Engelerscheinungen und der die Hirten umstrahlenden „Herrlichkeit Gottes" wie die nachtwachehaltenden Hirten und die Unterbringung des Neugeborenen in einem Futtertrog als historische Elemente entfallen würden, weil es sich bei diesen Motiven um schriftgegebene Darstellungsmittel handelt. Der Inhalt dieses Evangeliums ist ja ungleich mehr als ein wundersames Erlebnis einiger namenloser Hirten und ein ergreifendes Idyll. Was die Offenbarungserzählung den Engel des Herrn verkünden und den Engelchor hymnisch preisen läßt, ist nicht eine fromme Personallegende oder gar eine mythische Objektivation menschlicher Erlösungssehnsucht, sondern der Inbegriff des auf geschichtlicher Offenbarung beruhenden Christusglaubens. Und weil die Art und Weise, in der das Weihnachtsevangelium die einmalige heilsgeschichtliche Bedeutung der Geburt Jesu zum Ausdruck bringt, aus der christologischen Reflexion auf die Heilsprophetie der Schrift erwuchs und durch diese voll legitimiert ist, behält auch die für dieses Evangelium unverzichtbare Szenerie mit ihren Engeln und Hirten, mit Krippe und Krippenkind nach wie vor ihren guten Sinn. Das eigentliche Wunder, das zu verkünden Sinn und Ziel unseres Evangeliums ist, ist freilich nicht das Auftreten sichtbarer und hörbarer Engel, sondern die zentrale Wirklichkeit und Wahrheit, daß in Jesus von Nazaret der wahre Weltheiland geboren ist, durch den Gott seine Macht als gnädiges, heilschaffendes Erbarmen offenbarte. Das ist das unüberbietbare, absolute Wunder der biblischen Heilsgeschichte, das keine Entmythologisierung erlaubt.

Was die heute ermöglichte und gebotene Auslegung als Aussagegehalt unserer Perikope erschließt, ist deshalb kein anderes, kein neues Evangelium. Für ein vom rein positivistischen Wirklichkeitsbegriff bestimmtes Denken ist und bleibt es ein unüberwindliches Ärgernis. Für den Glaubenswilligen ist es die alte und stets neu zu hörende frohe Botschaft von der Geburt des Erlösers, die allein die letzte Antwort auf die Sinn- und Zukunftsfrage des Menschen zu geben vermag: „Denn euch wurde heute der Retter geboren, welcher ist Christus, der Herr!"

LITERATURHINWEISE

Die jüngste eingehende Untersuchung von Lk 2,1–20, die ich zum Teil dankenswerterweise noch im Manuskript einsehen konnte, liefert *Raymond E. Brown S. S.* in seiner jetzt erschienenen Monographie „The birth of the Messiah" (New York 1977) 393–434; dazu die Exkurse S. 505–516. 547–556.

Kürzere Informationen mit Verweisen auf Einzeluntersuchungen finden sich in den deutschsprachigen Lukas-Kommentaren von:

J. Ernst, Das Evangelium nach Lukas (Regensburger NT) Regensburg 1977.

W. Grundmann, Das Evangelium nach Lukas (Theol. Handkommentar zum NT III) Berlin 6/1971.

K.H. Rengstorf, Das Evangelium nach Lukas (Das NT Deutsch 3) Göttingen 10/1965.

H. Schürmann, Das Lukasevangelium I (Herders Theol. Kommentar zum NT III/1) Freiburg 1969.

G. Schneider, Das Evangelium nach Lukas, Kapitel 1–10 (Ökumenischer Taschenbuch-Kommentar zum NT 3/1) Gütersloh-Würzburg 1977.